땅맹 탈출

땅 살 때, 호구고객 되지 않기 위한 체크리스트!

땅맹 탈출

김예솔, 백두산, 김희영, 정우석 지음

생각나눔

목차

1장

2장

03
토지개발을 통한
토지투자 시 알아야 할 것 _114

04
마무리 _121

3장

05
내가 생각하는 임장이란? _154

06
마무리 _163

4장

1장

우리 엄마가 당했다!

당했다. 그 아줌마는 마음씨 따뜻한 우리 엄마를 골라서 애물단지 땅을 팔아넘겼다. 내가 보기엔 딱 그런데, 우리 엄마는 아직도 좋은 기회를 잡은 일이라고 생각하고 있다. 우짜겠노…. 희망을 간직하고 사시는 게 마음 건강에 더 나으실 듯하다. 그래서 구구절절 설명은 자세히 해드리지 않았다. 많은 지식이 필요한 것도 아니었다. 그렇다고 어려운 지식이 필요한 것도 아니었다. 엄마가 땅 사기 전에 몇 가지만 알았더라면 당하지 않았을 거다. 그때는 나도 엄마도, 아무것도 몰랐다. 늦은 나이에 투자에 열의가 생긴 우리 엄마가 고이고이 모은 쌈짓돈으로 땅을 지르고 나서 알려주시더라. 너무 속상하다. 되팔기 정말 쉽지 않을 것 같은 땅들인데…. 차라리 엄마 예쁜 옷 사 입고, 밥하기 싫을 때 맛있는 거 많이 사 드시지. 언제 올지 모를 대박 터질 날을 기다리며 아끼고 덜 쓰고 오늘도 기대하고 계신다. 내 탓도 있다. 무전(無錢)이 유죄일 때가 있지만, 무지(無知)도 유죄가 되었다. 그래서 반성하는 마음으로 토지 공부 제대로 하고 있고, 맛있는 것도 자주 사 드리려고 한다.

내가 토지에 처음 관심을 갖게 된 건 아빠 산소를 이장하면서였다. 어느 날, 외삼촌께 전화가 왔다.

"솔아, 잘 지내제? 할아버지 땅이 6억에 팔려서 너거 아부지 산소를 이장해야 된다 카네. 알아보고 준비해라이~."

"아…. 네."

전화를 끊고 몇 초 뒤 정신이 번뜩 들었다. 6억? 경남 밀양에 계신 외할아버지 산(임야)에 아빠 산소를 마련하면서 분명히 들었다. 그 땅을 30년 전에 30만 원에 샀다고. 산을 사자마자 소나무 병충해가 번지기 시작해 어쩔 수 없이 나무를 싹 베어야 했고, 그걸 다 팔았더니 산을 살 때 들었던 돈 30만 원이 다 회수되셨단다. 결과적으로 돈 한 푼 안 들이고 얻은 땅이라고, 외할아버지께서 신나게 말씀하셨었다. 근데 그 땅을 6억에 팔았다고? 수치로는 2,000배다. 우와, 진짜 대박이네~! 그때부터 서점에 가서 토지투자와 관련된 책을 하나둘 읽어보기 시작했다. 그런데 마침 이 무렵 엄마가 땅을 사신 거다. 친하게 지내던 아는 언니가 좋은 땅인데 사정이 급하다고 싸게 엄마한테 넘기셨단다. 토지투자에 호감이 생긴 터라 싸게 좋은 땅을 넘겨받았다니 잘됐다 싶었다. 돈맛 좀 보려나 싶어 반가웠다. 그리고 1년쯤 지났을까. 그동안 땅 공부 조금 했다고 엄마가 샀던 땅을 살펴보고 싶은 생각이 들었다. 그리고 5분. 충분한 시간이었다.

'이 아줌마, 우리 엄마한테 엿 먹였구나.'

아줌마가 넘긴 땅은 공유자가 23명이나 되는 전형적인 기획부동산 물건이었다. 지도로 보려고 해도 그냥 초록색 산 중간쯤이다. 아줌마 본인이 기획부동산을 통해 사셨던 땅을 고스란히 우리 엄마에게 넘기셨더라. 그래도 양심은 있으셨던지 본인이 샀던 가격에서 500만 원 깎아주긴 하셨네. 안타까웠다. 큰 수입 없는 우리 엄마에겐 피 같은 돈인데 꽁꽁 묶였다. 엄마가 땅 사기 직전에 내가 공부가 되어있었더라면 좋았을 텐데. 서류 두 개만 확인했더라도 엄마 손자, 아니 내 손자한테까지도 물려줘야 할 것 같은 저 땅을 사진 않았을 텐데. "잊고 기다려보면 언젠가 좋은 소식 들리지 않겠냐"고, 엄마한테는 그렇게만 말했다.

　나는 2023년 현재, 3년 정도 토지 공부와 투자를 병행하고 있다. 엄마가 처음 땅을 산다고 할 때는 서류 한두 가지도 확인해 주지 못했던 딸이, 이제 공부를 조금 하고서 엄마가 또 몰래 땅을 살까 봐 펜을 들었다. "엄마, 다음에 또 땅 보면 이것들은 꼭 확인해 봐요~." 하고, 수첩에 적어놓아 드리려고. 그리고 친척, 친구, 지인 누구라도 땅을 산다고 하면, '잠깐만요! 땅 번지 좀 불러주시고 30분만요!' 하고, 컴퓨터 앞에 앉아서 얼른 이것들은 확인해 보라고 알려주고 싶은 목록을 만들었다. 3년 차 땅장이가 엄마의 아까운 돈을 생각하며 만든 체크리스트는 서류 5가지, 전화할 곳 3군데, 생각해 봐야 할 것 1가지다. 작은 지식과 경험이지만 돈과 시간이 빠듯한 단 한 명에게라도 도움이 되길 바란다. 부동산 투자 중에서 가장 당하기 쉬운 분야가 토지인 것 같다. 그래도 우리 엄마처럼 어떤 희망을 가지고 꼭 투자를 해보려고 할 때, 정말 최소한의 거름장치로 이 리스트를 사용하시면 좋겠다. 멋모르고 토지투자를 '당'하지 말고, 돈 되는 토지투자를 하실 수 있길 바라며 시작한다.

01

토지투자에 당하지 않기 위해
확인해야 하는 5가지 서류

1. 등기사항전부증명서

발급할 수 있는 사이트: 일사편리(www.kras.go.kr), 대법원인터넷등기소
(www.iros.go.kr)

▌확인할 내용

① 현재 소유자가 몇 명인가요?

일사편리 사이트에서 '부동산종합증명서'를 무료로 열람해 볼 수 있다.
발급은 유료이고, 열람은 무료. 대략적인 등기상 내용이 있다. 공동인증서
가 필요하다. 공동인증서가 뭔지 잘 모른다면 네이버 검색창에 '공동인증
서 발급하는 법'이라고 쳐보시길 바란다.

정식 '등기사항전부증명서'를 열람, 발급할 수 있는 사이트는 대법원인
터넷등기소이다. 유료다. 열람 700원, 발급 1,000원. 어디 제출할 게 아니
라면 700원 결제하고 열람용을 프린트해서 보면 된다. 일사편리 사이트

에서 무료로 간략한 내용을 확인하더라도 다른 권리사항들을 세부적으로 확인하려면 거래 전에는 반드시 대법원인터넷등기소에서 등기를 발급해 봐야 한다. 계약일 당일에 발급해서 확인하고, 잔금일 당일에도 발급해서 확인하시기 바란다. 그래야 계약일과 잔금일 사이에 등기상 어떤 일이 생겼다면 대책을 세울 수 있다.

② 지분 거래인가요?

땅을 파는 사람에게 물어보셔라.

"땅을 분할해서 파시는 건가요? 지분으로 파시는 건가요?"

현재 등기에 [그림 1], [그림 2]처럼 소유자가 여러 명 적혀있다면 나도 그 중에 한 명이 되는 지분거래일 가능성이 크다. 우리 엄마도 지분으로 매입했다. 지분은 거래가 힘들어서 추천하지 않는다. 기획부동산은 엄청난 영업력으로 토지 1개를 수십 개 지분으로 쪼개서 거래를 성사시키지만, 일반적으로는 쉽지 않은 일이다.

고유번호			부동산종합증명서(토지)		장번호	6·1	건축물유무	건축물대장 존재안할
소재지								

토지 표시								
지목	면적(㎡)		이동일자		이동 사유			
임야	2,811		2014.08.27	분할되어 본번에 -8, -9부할				

소유자								
변동일자		변동원인		성명 또는 명칭	등록번호		주소	
2014.09.12		소유권이전		박　　외22인				

등기 특정 권리사항 (등기기록의 권리정보 중 일부 특정권리의 유무만 기재한 것임, 기준시점 : 2022년/12월/18일 22시:42분)								
구분	소유권	용익권 (지상권, 지역권, 전세권, 임차권)		담보권 (저당권, 근저당권, 질권, 근질권)		기타(압류, 가압류, 가처분, 경매개시결정, 강제관리, 가등기, 환매특약)		
유/무	유	무		유		유		

개별공시지가 연혁 (원/㎡)										
기준일자	2022.01.01	2021.01.01	2020.01.01	2019.01.01	2018.01.01	2017.01.01	2016.01.01	2015.01.01	2014.01.01	2013.01.01	2012.01.01
공시지가	27,800	24,400	19,500	17,100	14,800	13,100	11,400	9,960	9,850	9,740

토지이용 계획	「국토의 계획 및 이용에 관한 법률」에 따른 지역·지구 등	다른 법령 등에 따른 지역 지구 등	「토지이용규제 기본법 시행령」 제9조제4항 각호에 해당되는 사항
	자연녹지지역	가축사육제한구역(절대제한구역(전 축종 제한))<가축분뇨의 관리 및 이용에 관한 법률>, 준보전산지<산지관리법>	[해당없음]

이 부동산종합증명서는 부동산종합공부의 기록사항과 틀림없음을 증명합니다.

종합형 수수료 : 1000원

2022년 12월 19일

[그림 1]

등기명의인	(주민)등록번호	최종지분	주　　　소	순위번호
강 (공유자)	85 ―＊＊＊＊＊＊＊	2811분의 99		21
김 (공유자)	72 ―＊＊＊＊＊＊＊	2811분의 171		29
김 (공유자)	90 ―＊＊＊＊＊＊＊	2811분의 33		14
김 (공유자)	66 ―＊＊＊＊＊＊＊	2811분의 363		25
김 (공유자)	70 ―＊＊＊＊＊＊＊	2811분의 165		8
김 (공유자)	60 ＊＊＊＊＊＊＊	2811분의 50		15
김 (공유자)	74 ―＊＊＊＊＊＊＊	2811분의 132		26
박 (공유자)	78 ―＊＊＊＊＊＊＊	2811분의 33		13
박 (공유자)	62 ―＊＊＊＊＊＊＊	2811분의 165		6
변 (공유자)	60 ―＊＊＊＊＊＊＊	2811분의 33		30
성 (공유자)	80 ―＊＊＊＊＊＊＊	2811분의 33		22
송 (공유자)	56 ―＊＊＊＊＊＊＊	2811분의 33		11
신 (공유자)	70 ―＊＊＊＊＊＊＊	2811분의 165		17
안 (공유자)	71 ―＊＊＊＊＊＊＊	2811분의 33		12
오 (공유자)	68 ―＊＊＊＊＊＊＊	2811분의 165		24

[그림 2]

　　우리 엄마가 가진 땅을 작업한 기획부동산은 2억 6천만 원에 땅 한 개를 사서 23명에게 지분으로 쪼개어 판 금액이 6억 2천이다. 대략 6개월만에 이런 성과를 냈다. 땅만 사서 아무것도 안 했다. 오로지 영업력만 가지고 약 2.4배로 가격을 올려 팔아치웠다. 아무나 할 수 있는 게 아니다. 길 가다가 보이는 아무 부동산 벽에 붙어있는 매물들을 보셔라. 지분 물건은 100개 중 1개도 찾기 힘들다. 돈이 급한 상황이 되어 처분하려고 해도 내 지분을 사려는 사람을 구할 수가 없다. 부동산에서 잘 받아주지도 않는다. 그래서 궁여지책으로 헐값에 지인에게 넘기는 사례가 생기는 거다. 우리 엄마한테 땅을 파셨던 그 아주머니처럼. 지분거래를 추천하지 않는 또 다른 이유는 대출 때문이다. 부동산을 살 때 흔히 대출 좀 받고 내 돈 좀 보태서 사지 않나. 아파트 살 때도 은행에서 집을 담보 잡고 집값의 80%나 돈을 빌려준다. 담보물(아파트)이 있으니까 혹시 못 갚으면 경매 넘겨서 회수할 수 있으니 잘 빌려준다. 그런데 지분거래는 은행에서 대출을 잘 안 해준다. 경매로든 매매로든 잘 팔려야 빌려준 돈을 회수할 텐데 지분은 사려는 사람 찾기가 힘들다. 어떤 사정이 있어서 땅을 지분으로 매입해야 한다면 그 금액은 오롯이 현금이 필요하겠다고 생각하고 준비해야 한다.

큰 땅 1개 필지를 잘라서(분할해서) 매도하는 경우도 있다. 100번지를 잘라서 100-1번지는 내가, 100-2번지는 김 아무개, 100-3번지는 최 아무개, 이런 식으로 땅 한 개를 오롯이 나 혼자만 소유하게 된다는 뜻이다. 이건 지분거래가 아니다. 좀 낫다. 토지를 다루는 부동산을 통해 매매도 할 수 있고, 은행에서 대출도 가능하다.

오해하지 말아야 할 사실이 있다. 지분으로 땅을 사는 건 무조건 나쁘냐? 그건 아니라는 사실. 정말 토지에 관심이 많아 공부를 하다 보면 좋은 땅이 보이기 시작하는데 내 자금력이 따라주지 않는 경우가 생긴다. 그래서 토지투자에서 한 발 물러서는 사람이 있는 반면, 다른 전략으로 공동투자를 선택하는 사람들이 있다. 5명이 땅 한 개를 공동투자할 때 대략 두 가지 방법으로 할 수 있다. 첫 번째, 5명의 이름이 등기에 다 적히도록 소유하는 방법. 투자한 돈의 비율만큼 땅 지분을 소유하는 것으로 공유지분등기 하거나 공동등기(예: 부부 공동명의 아파트) 하는 거다. 하지만 일 처리하기가 번거로운 면이 있다. 두 번째, 5명 중 한 명이 대표자가 되고 대표자 명의로만 모든 일을 진행하는 방법. 등기에는 대표자 1명만 기재된다. 5명은 따로 공동투자 계약서를 쓴다. 대표자가 돈 들고 땅 들고 잠적하면 안 되니 대표자에게 근저당도 걸어둔다. 대신 대표자가 업무처리를 해야 하니 그 수고의 대가로 약간의 인센티브는 제공한다. 공동투자 계약서에 적힌 내용대로 나중에 수익을 분배받는다.

나도 이 두 번째 방식으로 투자한 물건들이 몇 개 있다. 땅 공부에 사람 공부까지 해서, 신중하게 전략적으로 진행하는 지분투자는 나쁘지 않다. 오히려 투자금도 부족하고 지식도 부족한 초보 투자자에게는 괜찮은 방법일 수도 있다. 위험부담은 덜면서 토지투자 경험을 쌓을 수 있고, 배울 점이 있는 멤버를 만나게 된다면 지식뿐 아니라 사람도 얻을 수 있다. 단, 내가 공부하지 않고 계획하지 않은 공동투자, 특히 지분투자는 경계하라는 말이다. 도중에 공동투자에서 빠지고 싶어도 지분투자는 여러모로 번거롭다. 땅도 잘 모르고 잘 아는 사람도 아닌데 돈 벌고 싶은 욕심 때문에 화려한 언변에 넘어가지 않기를 바란다. 그게 기획부동산이든 지인이든 유명한 강사든.

③ 근저당, 가압류, 가등기 같은 건 없나요?

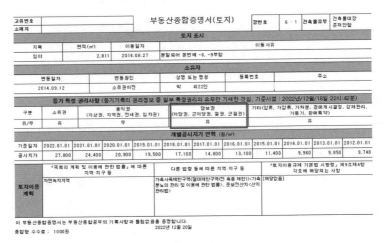

[그림 3]

이 단어들이 어떤 의미인지 잘 몰라도 일단 적혀있다면? 계약금 이체하면 안 된다. 별 상관없는 내용일 수도 있지만, 문제 있는 땅일 가능성이 있다. 피곤해질 수도 있고, 잘못하면 손해를 입을 수도 있다. 내 돈 주고 땅을 샀는데 소유권이 다른 사람에게 넘어가는 최악의 경우도 있다. 어떤 내용인지도 모른 채 계약금을 쏘는 일은 없어야 한다. 주변에 알 만한 사람들에게 꼭 물어보셔라. 그런 다음에 진행해도 늦지 않다. 우리 엄마가 산 땅도 '담보권유'라고 표시되어 있었다.

정확한 내용을 확인하려면 대법원인터넷등기소에서 돈 들여서 등기를 떼봐야 한다.

【 을 　　구 】	(소유권 이외의 권리에 관한 사항)			
순위번호	등 기 목 적	접 　수	등 기 원 인	권리자 및 기타사항
1	갑구25번김 　·지분 전부근저당권설정	2017년3월2일 제10180호	2017년3월2일 설정계약	채권최고액　금45,000,000원 채무자　김 근저당권자　노

[그림 4]

　23명 중 한 명 지분에 근저당이 설정되어 있었다. 엄마 경우는 당장 큰 문제가 될 일은 없어 보였다. 정상적인 거래라면 보통은 근저당, 가압류, 가등기 같은 건 다 없애고 진행한다. 그래야 팔기가 수월하기 때문이다. 땅을 사려는 입장에서 이런 글자들이 보이면 찝찝할 수밖에 없고 망설이게 된다. 등기에 해당 부분이 빨간 줄 그어져 있다면 없어진 거다. 여기서 한 가지 강조한다면 계약하는 당일 그리고 잔금 치르는 당일에, 반드시 내가 직접 등기를 떼보시라는 거다. 별의별 사기꾼들이 너무 많은 세상이다. 뉴스 기사를 보면 등기를 위조하기도 하고, 몇 달 전 등기를 떼서 보여주고 그사이에 압류가 들어오기도 하고, 계약일에 떼본 등기는 깨끗했는데 잔금 치르고 나서 떼본 등기는 깨끗하지 않은 경우도 있다. 깨끗하지 못하다는 말은 근저당, 가압류, 가등기 같은 불편한 단어들이 기재되어 있다는 말이다. 내 돈 몇천만 원, 몇억 지키는 일인데 이 정도 수고로움은 저렴하니 꼭 직접 발급해 보시길 바란다.

　등기를 발급할 때 팁 하나를 드리겠다. 결제까지 완료한 후 발급할 때 '요약본'에 체크하면 마지막 페이지에 등기 요약본이 나온다. 이걸 보시는 게 편하다. 저당권 같은 게 설정되었다가 해제되어도 등기 본문에는 남아있는 채로 빨간 줄만 그어진다. 그런 내용들은 빼고 현재 유효한 내용만 정리해서 보여주기 때문에 알아보기가 훨씬 간결하다.

테스트 등기사항증명서 출력 열람/발급 출력시 오류 조치방법

선택	N O.	결제일시	열람발급 가능일시	부동산 고유번호	부동산 소재지번	(주민) 등록 번호	잔여/ 결제 통수	희망 발급 통수	열람/발급 /등기 사항요약	소재 지번 수정	결제취소 /확인서
☐	1	2023-04-1 1 12:13	2023-07-1 1 12:13	1760-200 6 -000991	전부 현행 [토지]·	미공 개 변경	1/1통		열람 요약	수정	가능 확인서

총 1건   1 (1/1)

[그림 5]

주요 등기사항 요약 (참고용)

[주 의 사 항]

본 주요 등기사항 요약은 증명서상에 말소되지 않은 사항을 간략히 요약한 것으로 증명서로서의 기능을 제공하지 않습니다.
실제 권리사항 파악을 위해서는 발급된 증명서를 필히 확인하시기 바랍니다.

고유번호

[토지] 경기도 화성시   임야 1282㎡

1. 소유지분현황 (갑구)

등기명의인	(주민)등록번호	최종지분	주 소	순위번호
주식회사 (소유자)		단독소유		2

2. 소유지분을 제외한 소유권에 관한 사항 (갑구)
  - 기록사항 없음

3. (근)저당권 및 전세권 등 (을구)

순위번호	등기목적	접수정보	주요등기사항		대상소유자
3	근저당권설정	2022년2월14일 제25588호	채권최고액 금600,000,000원 근저당권자 축산업협동조합		
4	근저당권설정	2022년5월18일 제81076호	채권최고액 금500,000,000원 근저당권자 정		

[참 고 사 항]
가. 등기기록에서 유효한 지분을 가진 소유자 혹은 공유자 현황을 가나다 순으로 표시합니다.
나. 최종지분은 등기명의인이 가진 최종지분이며, 2개 이상의 순위번호에 지분을 가진 경우 그 지분을 합산하였습니다.
다. 지분이 통분되어 공시된 경우는 전체의 지분을 통분하여 공시한 것입니다.
라. 대상소유자가 명확하지 않은 경우 '확인불가' 로 표시될 수 있습니다. 정확한 권리사항은 등기사항증명서를 확인하시기
    바랍니다.

[그림 6]

2. 토지이용계획확인원

▌ 확인할 내용: '보전'이라는 글자가 있나요? (보전산지, 자연환경보전지역)

토지이용계획확인원은 1장에 많은 정보가 담겨있다. 다른 내용은 개인적으로 더 공부하시면 되고, 당장 땅을 사기 직전이라면 '보전'이라는 글자가 보이는지 찾아보자. 보인다면, 그리고 본인이 토지에 완전 초짜라면 이 땅은 걸러내길 바란다.

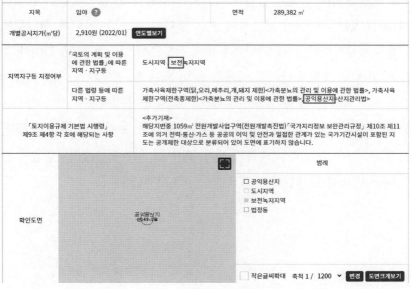

지목	임야 ❓			면적	289,382 ㎡
개별공시지가(㎡당)	2,910원 (2022/01) 연도별보기				
지역지구등 지정여부	「국토의 계획 및 이용에 관한 법률」에 따른 지역·지구등	도시지역 보전녹지지역			
	다른 법령 등에 따른 지역·지구등	가축사육제한구역(닭,오리,메추리,개,돼지 제한)<가축분뇨의 관리 및 이용에 관한 법률>, 가축사육제한구역(전축종제한)<가축분뇨의 관리 및 이용에 관한 법률>, 공익용산지<산지관리법>			
「토지이용규제 기본법 시행령」 제9조 제4항 각 호에 해당되는 사항	<추가기재> 해당지번중 1059㎡ 전원개발사업구역(전원개발촉진법)「국가지리정보 보안관리규정」 제10조 제11조에 의거 전력·통신·가스 등 공공의 이익 및 안전과 밀접한 관계가 있는 국가기간시설이 포함된 지도는 공개제한 대상으로 분류되어 있어 도면에 표기하지 않습니다.				

확인도면

공익용산지
선49-1일

범례

☐ 공익용산지
☐ 도시지역
■ 보전녹지지역
☐ 법정동

☐ 작은글씨확대 축척 1 / 1200 ∨ 변경 도면크게보기

[그림 7]

토지이용원, 토지이용확인원, 토지이용계획서 등으로 줄여서 부르기도 한다. 토지의 스펙이자 상품설명서다. 땅이라는 게 공장에서 만들어낼 수 있는 물건이 아니다 보니 상품이라는 생각을 못 하는 경우가 많다. 한정된 자원이

니 아무 땅이나 가지고 있기만 하면 무조건 돈 되는 줄 아는 어른들이 있다. 하지만 땅도 상품이다. 상품성이 있는 게 돈이 된다. 상품성이 없는 땅도 많다. '보전'이라는 글자가 보이는 땅(주로 초록초록한 산)이 주로 상품성이 좀 떨어진다. 활동하던 카페에서 토지분석 요청을 받았던 땅 중에 그런 땅이 있었다.

11개 필지를 봐달라고 하셨는데 2개 빼고는 위 토지이용계획확인원과 비슷했다. 보전녹지지역에 공익용산지. ('보전'산지의 종류로 공익용 산지와 임업용 산지가 있다.) 이 글자는 내 땅이어도 내 맘대로 바꿀 수 없다. 나라에서 정해주는 거다. 자연환경이나 생태계를 지켜줘야 하는 땅이라고, 누구나 볼 수 있게 적어놓았다. 이 분께는 장기 보유하실 수밖에 없는 땅이라고 말씀드렸다. 다행히 땅을 매입하지는 않으신 듯했다. 다양한 건물을 지을 수 있는 땅이어야 상품성이 좋은 땅인데, 이 땅은 아니다. 전원주택(예쁜 주택단지가 아니라 자연인이나 살 것 같은 주택)이나 기도원, 절이나 지을까. 까놓고 말해서 단기간 내에 돈은 안 되는 땅. 전문가가 아니라면 '보전'산지는 피하는 게 좋다. 보전산지라는 글자 없이 공익용 산지나 임업용 산지만 적혀있기도 하다. 이렇게 기억하면 되겠다. '보전'은 돈이 오래 묶이는 땅, 지을 수 있는 건물 종류가 몇 안 되는 땅. 토지이용계획확인원에 관한 다른 내용들은 시간을 가지고 차차 공부하시면 된다.

3. 토지대장(주소에 '산'이라는 글자가 있는 경우에는 임야대장)

발급할 수 있는 사이트: 정부24(www.gov.kr)

▌확인할 내용: 지목, 면적

땅이 무엇으로 쓰이고 있는지에 따라 지목이 붙여진다. 논농사하는 데 쓴다면 답, 공장이 지어져 있다면 공장용지(장), 주차장으로 쓰이고 있다면 주차장(차), 물이 흐르고 있다면 구거(구) 등. 지목은 현재 쓰임새라고 생각하면 되겠다. 총 28개가 있다. 땅 1개 필지는 반드시 1개 지목을 갖는다. 그런데 등기사항전부증명서에도 지목이 적혀있던데 굳이 토지대장까지 봐야 할까? 봐야 한다. 간혹 토지대장과 등기사항전부증명서에 지목이 다르게 적혀있는 경우가 있기 때문이다. 그런 경우 토지대장의 지목을 인정해 준다. 지목에 따라 세금, 규제 등이 달라질 수 있으므로 꼭 확인해야 한다. 특히 농지(전, 답, 과수원)인 경우와 아닌 경우의 차이는 크다. 면적도 마찬가지다. 등기사항전부증명서에도 나와있지만, 토지대장과 서로 다르게 기재되어 있을 경우 토지대장의 면적을 인정해 준다. 단, 소유권에 대해서는 등기사항전부증명서의 소유자를 인정해 준다. 예를 들어보면,

　　등기사항전부증명서: 소유자 철수 / 면적 660㎡ / 지목 목장용지

　　토지대장: 소유자 영희 / 면적 655㎡ / 지목 답

이라고 되어있다면? 이 땅은 철수 소유의 655㎡ 답이라고 판단하면 된다. 땅을 사려는데 등기와 토지대장이 일치하지 않는 부분이 있다면 매도인에게 정정해 달라고 한 뒤에 계약을 진행하는 것이 좋다. 면적에 대해

처음부터 분쟁 거리를 만들지 않으려면 측량(경계복원측량)을 할 수도 있다. 현 소유자(매도자)의 협조를 받아 측량신청을 요청하면 된다. 서로 협의를 해서 측량 결과 나오는 면적대로 계약을 진행하면 된다.

임야는 대장이 두 가지다. 임야대장과 토지대장. 주소 번지 앞부분에 '산'이라는 글자가 붙어있는 경우(산번지라고 얘기하기도 한다.)에는 임야대장을 보면 되고(예: 중앙동 산 10-1), '산' 글자가 안 붙어있는 임야는 토지대장을 보면 된다. 토지대장에 적혀있는 임야는 '토임'이라고도 부른다.

4. 지적도(주소 번지 앞부분에 '산' 글자가 있는 경우는 임야도)

> 발급할 수 있는 사이트: 정부 24(www.gov.kr)

▌확인할 내용

① 지적도 도면상 도로에 붙어있나요?

내 경험상 지적도에서 가장 먼저 확인하는 것은 '진짜 도로에 붙어있는지'이다. 허가 등을 받기 위해서는 지적도상 도로에 접해 있어야 하기 때문에 정말 중요한 부분이다. 땅을 보러 현장에 갔을 때는 도로변에 있는 땅이었는데 지적도상에는 아닌 경우가 있다. 그럼 일단은 맹지라고 생각하자. 어려운 건 잘 몰라도 맹지가 안 좋다는 것은 안다. 맹지는 상품성이 엄청나게 떨어진다. 주택, 상가, 공장 등 다양한 종류의 건물을 지을 수 있어야 상품성이 좋은 땅인데, 초보자에게 맹지는 아무것도 지을 수 없는 땅이다. 공매로 나왔던 땅을 하나 보자. 카카오 맵 로드뷰로 현장을 보았을 때 이 땅(오른쪽 밭)은 맹지가 아니다. 폭이 좁긴 해도 차 한 대는 다닐 수 있는 도로에 붙어있는 땅으로 보인다.

[그림 8]

이 도로 주변으로 주택들도 보인다. 당연히 허가받고 집 지을 수 있는 땅이라고 생각하기 쉽다. 맹지일 거라는 생각은 조금도 못할 것 같다. 지적도를 보자. 이 땅은 산번지 임야라 임야도를 보면 된다. 임야도상으로는 도로같이 생긴 부분에 잘 붙어있는 땅으로 보인다.

[그림 9]

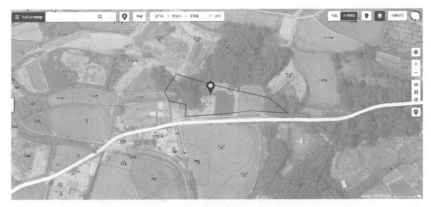

[그림 10]

그런데 카카오 맵에서 스카이뷰와 지적도를 함께 보면 도로와 이 땅 사이에 끼인 땅이 있다. 이렇게 보아서는 맹지 같다.

끼인 땅까지 소유자가 같다면 맹지가 아니라고 할 수 있겠으나 소유자가 다른 사람이라면 맹지다. 초보자라면 이런 경우 계약금 보내면 안 된다. 끼인 땅의 소유자를 확인해야 한다. 국가 소유(국유지)나 지자체 소유(공유지)라면 맹지 탈출이 대부분 가능하다. 약간의 비용을 내면서 사용할 수도 있고, 요건이 된다면 내가 국·공유지 땅을 살 수도 있다. 해결방안이 있고 비용도 감당할 수 있다면 사도 된다. 반면에 끼인 땅이 남의 사유지라면 그냥 사지 마셔라. 끼인 땅 주인에게 사용료를 지불하고 땅을 쓰면된다고, 땅을 파는 사람이 설명할 수도 있다. 하지만 직·간접적인 경험상골치 아픈 일이 생길 여지가 너무 많다. 나중에 돈이 더 들거나 얼굴 붉힐일이 생기더라. 돈이 남아도는 게 아닌데 굳이 이런 피곤한 땅을 살 필요가 있나. 맘 편한 땅을 사자. 끼인 땅이 갑, 나는 을이 된다. 그런데 이 공매땅은 맹지가 아니었다.

[그림 11]

경기부동산포털 사이트로 본 항공 지적도의 모습이다. 경기도 내 토지들은 경기부동산포털 지도 서비스를 이용하면 편리하다.

도로와 이 땅 사이에 끼인 땅은 '산143도' 지목이 도로인데 국유지였다. 오히려 현재 도로로 쓰이는 부분이 남의 땅이었던 것. 땅 주인이 알고 그랬는지는 모르겠으나 국유지를 내 땅처럼 사용하고 있는 상황이었다. 적법하게 사용허가를 받아서 사용할 수 있다. 사실 이 땅은 맹지이냐 아니냐가 투자를 결정하는 데 큰 요인은 아니었다. 그래도 맹지가 아니니 더 좋았다. 그러나 1회차에 다른 이에게 낙찰되어 나는 입찰도 못 해본 조금 아쉬운 땅이다.

② 보여준 가분할도와 일치하나요?

건축박람회를 갔는데 조금은 생뚱맞게 호두농장을 분양하는 부스가 있었다. 넓은 산에 호두나무를 심어놓고 면적을 분할해서 분양한다고 했다. 호두농장에는 관심 없었지만, 건물도 못 짓는 토지를 수익화하는 저런 방법도 있구나 싶어 설명을 들어봤다. 넓은 산을 분할해 놓은 가분할도를 보여주면서 "여기, 여기, 여기는 분양됐고 여기, 여기 남았어요."라고 안내해 주셨다. 지번을 공개하지 않으셨지만 다른 계약서에 적힌 주소를 얼른 보고 검색해 봤더니 지적도상에는 아직 분할되어 있지 않다. 이렇게 가분할도를 보여주면서 토지 매매 계약을 체결하는 경우가 있다. 여기까지는 문제가 없다.

매매하면서 분할이 정상적으로 진행되는 경우는 잔금 치르기 전에 지적도를 떼보면 내가 고른 필지가 분할이 되어 번지가 부여되어 있다. (절차상 조금씩 차이가 있을 수는 있다.) 보여준 가분할도와 일치하는지를 확인할 수 있다. 경계나 면적이 차이가 난다면 가격을 조정할 수도 있다. 그런데 분할이 정상적으로 진행되지 않는 경우도 있다. 매매는 우선 지분으로 하고 차후에 필지를 분할해 주겠다고 말하면서 위치나 면적을 정확하게 지정해 주지 않는다면, 계약 엎고 그냥 집에 가셔라. 지분으로 등기하고 난 뒤 시일이 지나 나중에 분할하려면 지분권자들이 서로 어떤 위치를 가질지 협의가 되어야 한다. 누구나 좋은 위치를 가지고 싶다. 그래서 싸움 난다. 협의가 어려워 분할이 힘들다. 이 과정에서 잔금은 줬는데 협의를 할 수 없으니 등기이전은 차일피일 미루는 경우도 있다. 내가 원했던 위치가 내 소유로 분할될 가능성은 정말 희박하다. 분할이 잘 되어 오롯이 한 개 번지의 땅을 샀더라도 지적도를 꼭 확인해야 한다. 그렇지 않으면 어이없는 땅 한 조각을 받게 될 수 있다.

[그림 12]의 필지처럼 지도 위에 자를 대고 예쁘게 선을 그어서 잘라준 네모 반듯한 땅. 실상은 길도 없는 맹지, 심지어 '보전'관리지역 한가운데다. 이런 땅은 돈 되기 힘들다. OO지구 같은 개발사업부지에 포함되는 것이 그나마 가장 잘 풀린 경우다. 맹지이기 때문에 집 한 채 짓기도 힘들어서 이런 땅 찾는 사람을 만나기란 하늘의 별 따기다.

[그림 12]

전원주택 부지를 살 때 가분할도를 보고 땅을 고르고 분양을 받는 일이
흔하다. 여기서 꼭 한 가지 챙겨야 할 게 있다. 집 지을 땅 신경 써서 고르
고 난 뒤 단지 안에 있는 도로 지분도 꼭 챙겨봐야 한다. 가분할도를 보고
전원주택단지 밖 공도에서 내 땅까지 이어지는 '단지 안 도로'의 지분을,
보통은 함께 매입한다. 집 지을 자리만 사게 되면 맹지를 사는 것과 비슷
한 상황이 된다. 단지 안에 난 도로에 닿아있는 땅이니 외관상 맹지는 아
니다. 하지만 허가받으려고 할 때 단지 안 도로 소유자들의 동의서를 받아
와야 하고 공사할 때 문제될 소지가 있다.

바다 뷰가 너무 좋은 전원주택 부지 경매물건이 있었다. 집 지을 본 부
지와 단지 안 도로 지분이 당연히 같이 경매로 나와있었다. 그런데 경매지
지도를 보고 '이건 뭐지?' 싶었다.

[그림 13]

공로에서 화살표로 표시된 길을 따라 이 전원주택단지로 들어와 본 부지에 오게 되는데, 경매로 같이 나온 도로지분은 다른 부분이었다. 내가 이 땅에 집 짓고 살아도 사용하지도 않을 안쪽 부분이었다. 필요한 부분은 없고, 필요 없는 부분이 같이 나온 거다. 이렇게만 사서는 문제가 생길 수 있다. 나중에 돈이 더 들 수도 있다. 꼭 공로에서 내 땅까지 이어지는 단지 안의 도로를, 가분할도를 보고 잘 챙기시길 바란다.

5. 계약서

계약서를 쓰는 가장 큰 이유가 무엇인지 아는가? 서로를 믿을 수 없기 때문이다. 그래서 나 자신을 보호하기 위해 '잘' 써야 한다고 토지 선생님께 배웠다. 계약서에 잔금일자는 명시하지 않은 채, 어떠한 사유로도 매도인은 계약을 해제할 수 없다는 조항이 있는지도 모르고(매수인만 특정한 사유로 계약 해제가 가능함), 계약을 해버린 매도인의 사례를 본 적이 있다. 계약금만 받은 채로 잔금은 기약이 없고, 세금만 매년 꼬박꼬박 내고 있었다. 조금 극단적인 사례이긴 하지만 계약서는 이렇게 막강한 힘이 있다.

특히 중요한 부분은 특약사항이다. 땅 공부를 하기 전에 아파트 투자를 했었는데, 계약서에 크게 신경을 써본 적이 없었다. 아파트는 어디나 다 비슷하기 때문에 특약사항에 들어갈 내용들도 어느 정도 정형화되어있다. 창원에 있는 자이 아파트나 서울에 있는 자이 아파트나 크게 다른 점이 없다. 하지만 땅은 다르다. '개별성이 강하다.'라고 얘기하는데, 바로 옆에 붙어있는 땅이라 해도 특징이 다른 경우가 많다. 극단적으로 예를 들면, 길 하나를 사이에 두고 왼편 땅에서는 음식점을 할 수 있는데 오른편 땅에서는 그럴 수 없는 경우도 있고(용도지역이 다른 경우), 교차로에서 가까운 내 땅은 건물을 못 짓는데 교차로에서 좀 떨어진 땅은 멋지게 상가를 지은 경우도 있다(도로연결허가 상의 문제). 어려운 내용을 이야기하고 싶은 게 아니다. 이렇게 근처에 있는 땅도 각각 특징은 참 다를 수 있다는 점을 알려드리고 싶은 거다. 그렇기 때문에 사려는 땅 특징에 따라 내 돈을 보호할 장치를 계약서에 해둘 필요가 있다. 토지 투자 경험이 많이 쌓인다면 자연스럽게 그 땅만의 특징을 분별해 낼 수 있게 될 거고 이건 독자님의 몫이다. 나는 지금 당장 우리 엄마가 또 땅을 사겠다고 할 때 얼른 챙겨볼 내용을 적는 것이기 때문에 매수인의 입장에서 간단히 몇 가지만 챙겨보겠다.

▌확인할 내용

① 산 번지 임야는 평 단가(혹은 ㎡당 단가) 기재하기

주소에 '산'이라는 글자가 붙어있는 임야를 사게 된다면 반드시 평당(혹은 ㎡당) 몇만 원이라고 기재해야 한다. 안 그랬다가는 200평치 땅값 지불하고, 190평 땅만 갖게 될 수도 있다.

우리나라 토지를 필지별로 경계를 그어놓은 지도가 지적도인데, 깊은 산은 대충 표시되어 있다. (우리 엄마라고 생각하고 단순하게 표현드리겠다.) 개발도 되지 않고 사람들이 잘 사용하지 않는 깊은 산은 지적도에서 관리하지 않고 임야도라는 다른 지도로 관리한다. 주소에 '산'이라는 글자가 붙어있는 임야가 바로 임야도에서 관리되는 산이다. 그런데 이런 산 번지 임야에 집을 짓는 등 어떤 행위들을 하게 되면 해당 필지를 임야도에서 지적도로 옮겨 그리게 된다. 어려운 말로 '등록전환'이라고 한다. 이 과정에서 땅이 일부 증발하는 경우가 많다. 임야도와 지적도는 축척이 달라서 옮겨 그리는 과정에서 면적에 차이가 생기게 되고, 면적이 줄어드는 경우가 대부분이다. 땅을 파는 사람은 200평을 팔았다고 하는데 나는 등록전환 했더니 190평밖에 안 되면? 내 선생님 표현을 빌리자면, "사기 친 사람은 없는데 사기당한 사람은 있는 꼴"이다. 매도인은 갖고 있던 땅 한 필지 그대로 파는 건데 왜 돈을 깎아줘야 하느냐고 큰 소리를 낼 테고, 매수인은 200평치 땅값 지불했는데 왜 190평밖에 없냐고 큰 소리를 낼 테다. 하지만 따지고 보면 피해를 입는 쪽은 매수인이다. 계약서를 통해 내 돈을 지켜야 한다. 특약사항에 명시하셔라. '면적에 조정이 생기는 경우 조정 후 면적으로 잔금을 지급한다.' 전문가스러운 표현? 필요 없다. 그저 쌍방에 오해가 생기지 않고 쉽게 이해할 수 있는 명확한 문장으로 작성하면 된다.

참고로 요즘은 대부분 공식 서류에 ㎡ 단위로 기재가 되어있다. 하지만 현장에서는 평 단위를 혼용해서 많이 쓴다. 내가 토지를 매입할 때도 평당 단가를 적용했다. m²를 평으로 바꾸면서 소수점 뒷자리는 반올림을 하고 땅값을 계산했다. 490m² 땅을 샀는데 평으로 환산하면 148.225평이다. 반올림해서 148평치 땅값을 지불했다. 200만 원×148평=2억 9,600만 원. 또 어떤 땅은 1,387m²였고, 환산하면 419.5675평이어서 420평치 땅값을 계산했다. 240만 원×420평=10억 800만 원. 여기에서 200만 원 깎아서 최종 가격은 10억 600만 원이었지만, 처음 계산은 서로 정해놓은 평당 단가에서 출발한다.

② 지장물 이설, 철거 등 불이행 시를 대비한 내용 기재하기

농지 위에 불법 건축물이 있거나 다 쓰러져가는 가치 없는 농가가 있거나 농작물, 하우스, 입간판 등 나한테는 필요 없는 지장물이 있을 수 있다. 이런 경우 이설, 철거 조건을 달고 계약한다고 대부분 부동산에서 안내받게 된다. 하지만 한국말은 '아' 다르고 '어' 다르며, 머리 까만 짐승은 믿는 거 아니랬다. 계약서에 '철거하는 조건으로 한다.'라는 가벼운 문구로는 나를 지킬 수가 없다. 계약할 때만 해도 금방 치워줄 것처럼 하더니 한 달, 두 달 미루고 끝끝내 치워주지 않는 사람이 있다. 고추, 토마토 같은 농작물은 그냥 뽑아버리면 된다지만(사실 이것도 함부로 뽑지도 못한다. 무단으로 심어놓은 농작물도 땅 주인이 함부로 뽑았다가는 재물손괴죄에 해당할 수 있다.) 건물이거나 폐기물처럼 치우는 데 목돈이 드는 지장물은 골치가 아파진다. 이런 경우의 수도 예상해서 특약사항을 작성하셔라. 'ㅇ월 ㅇ일까지 지장물 철거하지 않으면 매수인이 처리하고 비용은 잔금에서 제하고 지불한다.' 혹은 'ㅇ월 ㅇ일까지 철거하지 않으면 계약은 파기하는 것으로 하고 계약금은 ㅇ월 ㅇ일까지 반환하기로 한다.' 이렇게 정해진 날짜까지 철거하지 않았을 때 어떻게 하겠다는 내용을 자세하게 기재하셔라. 그저 언제까지 무엇을 하라는 내용만 있으면 나를 지킬 수가 없다. 부동산을 통해 거래하는 경우에는 원만한 계약 진행을 위해 중개사님이 힘써 주시기도 한다. 그러나 토지는 중개사를 통하지 않고 직거래를 하는 경우도 자주 있기 때문에 내가 계약서에 특약사항을 챙겨넣을 줄도 알아야 한다.

특약사항은 누가 봐도 이해할 수 있는 명확한 문장으로 작성하는 것이 중요하다. 나를 위해서 그리고 판사님을 위해서. 소송까지 이어지는 분쟁이 없으면 좋겠지만, 불가피하게 소송까지 겪게 되는 경우가 있다. 누가 옳고 그른지는 판사님이 정하시는데, 판사님은 법 전문가이시다. 토지투자 전문가가 아니라 법 전문가. (혹 토지투자를 잘하시는 판사님이 계실 수도 있지만) '토지 시장에서는 이렇게 합니다, 저렇게도 합니다.'라는 말은 법적 판결에 설득력이 부족하다. 명확하게 쓴 계약서 한 장이 훨씬 강력하다. 'ㅇ월 ㅇ일까지 철거 안 하셨고 그럴 경우 ㅇ월 ㅇ일까지 계약금 반환하기로 계약서에 도장 찍었는데 반환 안 하셨으니 매도인이 100% 잘못했네요. 땅땅땅.' 이렇게 계약서에 적혀있는 글자를 보고 판결에 많은 참고를 하신다. 내가 불리해질 수 있는 상황을 잘 고민해 보고, 그때 나를 보호할 수 있는 문구를 정확하게 넣도록 하자.

토지투자에 당하지 않기 위해
전화해야 하는 세 군데

1. 부동산

▌확인할 내용

① 시세 확인하기

우리 엄마가 아는 언니분에게서 산 땅은 기획부동산이 2억 6천에 사서 23명에게 총 6억 2천에 팔았다. 기획부동산의 이런 방식 자체가 불법은 아니다. 뼈 때리는 소리 하자면 물건 값어치나 시세도 제대로 모르고 부르는 대로 주고 산 소비자가 잘못이 더 큰 것 아닐까. 소개받은 땅 근처에 토지를 전문으로 하는 부동산 적어도 3곳에 전화해 보기를 추천한다. 내가 소개받은 땅과 비슷한 조건의 땅이 얼마나 하는지 물어보면 된다. 'OO산업단지 근처에 계획관리지역 4m 도로변에 농지나 임야 매물 나와있는 것 있나요? 얼마나 하나요? 제가 직접 쓸 건 아니고 투자할 물건 찾습니다.' 친절하든 불친절하든 대략적인 가격만 여러 군데서 들어도 '터무니없는' 가격을 덥석 물게 되는 일은 피할 수 있다. 참고로 모든 부동산이 토지를 다루지는 않는다. 토지를 전문으로 다루는 부동산에 물어봐야 하고, 물건지 인근 부동산에 물어보는 것이 좋다. 여기까지는 나도 처음에 부동산 공부할 때 많이 들었다. 그런데 부동산을 어떻게 찾는지는 알려주는 사람이 없더라. 경상도 여자가 경기도 땅 사려는데 지금 당장 가볼 수도 없고. 나는 두 가지 방법으로 부동산에 연락한다. 첫 번째, 열 일 제쳐놓고 차 시동 건다. 진짜 마음이 동하면 가야지. 경남 창원에서 경기도 화성까지 당일치기로 8~10시간씩 운전해서 다녔더니 운전 실력은 엄청 늘었다. 사려는 땅을 내비게이션 목적지로 찍어놓고 점점 근처로 가다 보면 부동산들이 보인다. 굵직한 호재가 있는 지역은 토지를 다루는 부동산이 많이 보인다. 토지라고 적혀있는 부동산들을 전화번호가 보이도록 사진을 찍는다. 한 군데, 두 군데, 세 군데….

[그림 14]

그리고 수첩에 부동산 이름과 전화번호를 쭉 적어놓고 차례차례 전화를 다 돌린다. 친절하고 이것저것 얘기도 많이 해주는 부동산은 따로 표시해 놓고 다음에도 이용하면 된다. 두 번째, 지도로 부동산을 찾는다. 카카오 맵이나 네이버 지도에서 'OO동 부동산'이라고 검색하면 지도에 나타나는 부동산들이 있다. 검색이 되는 부동산 소장님들은 블로그나 유튜브까지 운영하는 경우도 많다. 올려놓은 게시물을 통해서도 시세를 가늠할 수 있다. 토지를 다루는 부동산인지는 전화를 해서도 알 수 있지만, 카카오 맵 로드뷰를 통해 해당 부동산에 '토지'가 적혀있는지를 보고서도 알 수 있다.

[그림 15]

② 근처 호재 물어보고 분위기 느껴보기

부동산에서 이야기해 주는 것이 100% 정확하지는 않을 수도 있다. 하지만 물어보고 이것저것 많이 들어놓는 것은 분명히 도움이 된다. 'OO산업단지는 착공했나요? 근처에 도로 호재는 있어요? 새로 짓는 OO아파트는 세대 수가 얼마나 되죠?' 답변해 주시면서 내가 몰랐던 다른 호재를 듣게 될 수 있다. 토지 투자는 호재에 기대어 하는 경우가 대부분이다. 호재가 하나밖에 없는 경우보다는 여러 개인 경우가 투자자에게는 더 반갑다.

호재들이 사업성이 좋은지, 진행은 잘 되고 있는지도 확인해 봐야 한다. 실제로 나도 화성시에 처음 관심을 갖게 된 무렵에 엄청난 호재로 설명을 들었던 국가산업단지가 있었다. 하지만 시간이 좀 지나 알고 보니 내가 태어나기도 전에 국가산단으로 지정되었으나 40년이 넘도록 지지부진하는 중이었다. 그러니 좀 더 정확하게 확인해 봐야겠다 싶은 호재는 따로 시청에 전화해 보자.

그리고 부동산 사장님의 태도를 통해 그 동네 토지 시장 분위기도 느낄 수 있다. 매도자 우위인지 매수자 우위인지. 땅을 사려는 사람은 많고 팔려는 사람은 적을 때, 소위 핫한 지역은 매도자가 갑이고 매수자가 을인 매도자 우위 시장이다. 이때는 내가 땅을 사려고 문의를 하면 약간 거만한 태도의 부동산 사장님을 만날 수 있다. 내가 고객이긴 하지만 그 동네 땅값이 오르고 있고 매물도 귀하다 보니 사려는 사람이 나 말고도 줄을 서있다. 나한테 굳이 친절할 필요가 없다. 사장님과 대면할 때 기분은 좀 안 좋을 수 있지만 '이 지역 괜찮은 지역이구나~.'라는 판단은 할 수 있다. 반대로 땅 사려는 사람은 별로 없고 팔려는 사람이 많은, 매수자 우위 시장인 동네라면 친절한 부동산 사장님을 만날 수 있다. 좋은 땅이라며 추천도 곧잘 해주실 거다. 하지만 몇 군데 전화해 봤는데 다 이런 분위기라면 사장님과의 대화는 기분이 좋을지 몰라도 그 지역에 투자하는 것에 대해서는 좀 더 알아보고 신중할 필요가 있다.

2. 시청

▋ 확인할 내용

① 호재 진행 상황이 어떻게 되나요?

언론에 기사가 나오고 시끌벅적하게 진행되는 호재도 있지만, 소리소문 없이 빠르게 진행되거나 문제가 생기는 호재도 있다. 가장 가까이에서 잘 알고 있는 곳이 관공서다. 토지투자는 호재가 있는 지역에서 이루어진다. OO지구 개발, 산업단지 조성, 고속도로, 지하철 등. 기업과 인구가 몰려오게 되면 공장 지을 땅, 집 지을 땅, 상가 지을 땅의 값어치가 오를 수밖에 없다. 그래서 1단계로 어떤 호재가 있다는 소문이 뜨면 땅값이 오르고, 2단계로 호재 공사가 시작하면 땅값이 오르고, 3단계로 호재가 완성되어 경제적인 효과가 나타나기 시작하면 땅값이 오르는 거다. 그런데 두 가지 이유에서 1단계는 정말 조심해야 하는 시기다. 첫 번째 이유는 호재가 정해졌지만 실현되기까지 생각보다 긴 시간이 걸릴 수 있기 때문이다. 돈도 시간도 여유가 있는 사람들은 상관없겠지만, 대부분은 목돈이 장기간 묶이는 상황이 달갑지 않을 거다. 두 번째 이유는 호재가 정해졌지만 취소될 수도 있기 때문이다. 도시개발구역은 지정돼서 시끌벅적했다가도 행정적인 절차를 이행하지 못해 해제되기도 하고, 자금 사정이 어려워져서 해당 부지가 어느 날 공매로 나와 있는 일도 종종 볼 수 있다. 엄마가 당장 땅을 사려는 상황에 공부를 할 수는 없으니 차선책으로 시청에 전화를 해보자. 호재 진행 상황이 어떤지, 부동산에서 들은 내용을 들먹이며 이것저것 물어보자. 친절하지 않을 수도 있다. 알아듣기 쉽게 설명해 주지 않을 수도 있다. 하지만 일이 그럭저럭 잘 흘러가고 있는지 정도를 파악하는 데는 도움이 된다. 우리 엄마가 산 땅은 직선거리 200m 옆에 국가산업단지와 반경 1.2km에 OO지구 개발구역이 있고, 호재 실현도 다 되었다. 그러면 우리 엄마는 대박 났어야 하는데 문제가 있었다. 바로 허가가 나기 힘들어 보이는 땅이라는 사실이다.

② 이 땅 허가 가능한가요?

엄마가 땅을 살 무렵에는 엄마도 나도 이 질문이 얼마나 중요한지 몰랐다. 아니, 이런 질문을 해야 되는지도 몰랐다. 엄마 땅은 여러 가지 이유에서 허가가 힘든 땅이다. 땅은 집 지으려고, 공장 지으려고, 상가 지으려고 사는 건축 재료다. 그런데 허가가 나지 않는다는 말은 이런 것들을 지을 수가 없다는 뜻이다. 즉, 건물 짓는 재료로 가치가 없다는 말이다.

[그림 16]

[그림 17]

엄마 땅은 좌 아파트와 주택 밀집지역, 우 산업단지 사이에 있다. 크~ 좌우가 든든해서 호재만 보면 너무 좋은 위치다. 하지만 위치만 좋으면 뭐하나? 건축 재료로 가치는 없는 땅인걸. 일단 도로가 닿아있지 않다. 경상도에서 흔히 말하는 또랑(지목 구거) 3개를 흘러 내려가 지자체 소유의 땅을 지나서야 도로를 만날 수 있다. 멀다. 여러 가지 행정절차와 공사를 거쳐 도로 닿는 땅을 만들 수도 있겠으나 일반인에겐 만만한 일이 아니다. 그리고 너무 초록초록한, 숲이 우거진 산이다.

경사가 심하거나 나무가 많이 빽빽해도 허가를 안 내주는데 경사도 좀 있어 보이고 나무도 빽빽해 보인다. 실제 현황은 조금 차이가 있을 수도 있지만 크게 다르지는 않을 것 같다. 맑고 푸른 우리 강산을 보며 한숨이 나온다. 어디다 써먹나. 허가 못 받는 땅은 재료로 가치가 없다. 도시 근교 텃밭으로나 쓸까. 기대할 수 있는 건 한 가지. 우리 아들이 성인이 되었을 무렵, 옆에 산업단지가 확장하면서 이 땅이 수용되어 그 보상금 콩고물을 맛볼 수 있게 되기를. 기나긴 투자 여정이 될 것 같다. 사실 내 경험상 시청에 전화해서 허가가 가능한지 물어보는 것은 친절한 답을 듣기가 힘들었다. 일단 허가 신청서류를 넣으라고 한다. 서류를 검토해서 판단할 수 있다고 하더라. 하지만 시청에 한 번쯤은 전화해서 물어볼 필요는 있다. 잠깐 살펴보기에도 허가가 나지 않을 것 같은 땅은 한 번 걸러낼 수도 있기 때문이다. 밑져야 본전이다. 적어도 지적도상 맹지이거나 보전산지, 공익용 산지 정도는 공무원님께서 한 번 걸러주실 수도 있다.

3. 토목사무실

일반인에게는 낯설다. 나도 토지 공부를 하기 전에는 건축사무소나 들어봤을까 토목사무실은 존재도 잘 몰랐다. 농지나 임야가 돈이 되는지 안 되는지를 판단하는 기준 중에서 가장 중요한 것 중 하나가 바로 '허가가 가능한 땅'인지 여부인데, 그 지역 토목사무실이 정답에 가장 가까운 답을 줄 수 있다. 토지에 대해서 공부를 하다 보면 70~80% 정도는 스스로 알 수 있지만 우리는 투자자다. 건축사 아니고, 공사 기술자 아니고, 행정 전문가도 아니다. 허가 여부에 대해 100%는 알 수도 없고 알 필요도 없다. 전문가를 활용하면 된다. 전문가에게 일을 맡기기 위해 대화할 수 있을 정도만 알고 있으면 된다. 내가 처음 토지 공부할 때는 아는 토목사무실이 없었다. 인터넷 뒤져서 화성시 토목사무실 리스트를 구해다가 1번부터 차례차례 전화를 다 돌렸다.

시·군	상호	대표자명	전화번호	소재지
화성시	(주 지적측량	김	031-	화성시 경기대로
화성시	·!토목설계공사	김	031-	화성시 경기대로
화성시	!토목측량설계	서	031-	화성시 남양로 69
화성시	·!토목측량설계공사	김	031-	화성시 남양로 69
화성시	·!토목설계사무소	김	031-	화성시 남양로 69
화성시	!토목설계사무소	이	031-	화성시 남양로93(
화성시	(!토목측량설계	윤	031-	화성시 남양성지!
화성시	·!토목이엔씨	정	031-	화성시 남양성지!
화성시	·종합건축사사무소	신	02-6	화성시 노작로4길
화성시	엔지니어링	최	031-	화성시 동탄중앙!
화성시	·정보(주)	정	031-	화성시 동탄지성!
화성시	이엔씨	이	031-	화성시 병점1로 2
화성시	토목측량설계사무소	송	031-	화성시 병점3로 2
화성시	토목측량설계사무소	이	031-	화성시 병점3로 2
화성시	공간정보	최	031-	화성시 병점동로
화성시	· 이엔씨	신	031-	화성시 병점동로1
화성시	엔지니어링	정	031-	화성시 병점동로1
화성시	·토목	최	031-	화성시 병점로 6-
화성시	토목측량설계사무소	힘	031-	화성시 수작이길
화성시	토목측량설계사무소	유	031-	화성시 시청로 10
화성시	·!토목측량설계사무소	최	031-	화성시 시청로 12
화성시	토목측량설계사무소	허	031-	화성시 여울로1길
화성시	!엔지니어링	선	031-	화성시 역골동로
화성시	ENG	임	031-	화성시 역골동로
화성시	토목측량설계공사	이	031-	화성시 역골로 16
화성시	토목설계사무소	박	031-	화성시 역골로 23

[그림 18]

아무래도 현장 근무를 많이 하시는 업종이다 보니 절반 이상은 직접 통화가 안 되었고, 통화가 닿아도 원하는 질문에 즉답을 받을 수가 없었다. 그게 당연할 수밖에. 수수료를 지불하고 상담 신청을 한 것도 아니었고, 내가 여쭤본 내용이 바로 즉답 가능한 질문도 아니었다. 허가 여부를 결정 짓는 것 중 경사도가 있다. 일반적으로 25도를 넘어가면 허가가 안 나고,

지자체별로 기준을 더 강화해 놓은 경우가 많다. 내가 토지를 투자한 화성시의 경우 평균 경사도가 15도 미만이어야 허가를 받을 수 있다. 그런데 이걸 눈으로 어떻게 확인하나. 필지별로 지목이 딱 적혀있는 것처럼 경사도가 어디 딱 적혀있는 것도 아니고. '산림청 임업정보 다드림(gis.kofpi.or.kr)'이라는 사이트에서 경사도를 확인할 수는 있으나 대략적인 것이고, 법적 구속력은 없다.

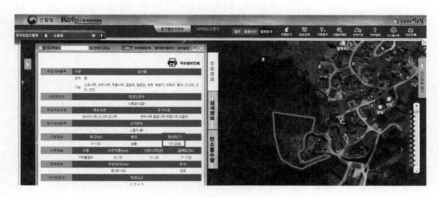

[그림 19]

당시 멋모르고 들이댄 노력에 하늘이 도우셨는지 열 몇 군데 토목사무실 중 한 군데서 3일 만에 답을 받았다. 16도가 넘는다고. 방법이 전혀 없는 것은 아니지만, 초보자가 멋모르고 덥석 매입했다가는 크게 난감해질 수도 있는 땅이었다. 나는 돈은 없고 거리도 멀고 약간의 용감함으로 이렇게 했었지만, 독자님들은 약간의 돈을 쓰시기를 권해드린다. 토목사무실에 수수료를 지불하고 상담을 할 수도 있고, 요즘은 인터넷 카페나 지식인 등을 통해 활동을 열심히 하시는 전문가들도 많다. 유료 상담을 했던 토목사무실을 통해 나중에 실제 허가나 공사를 진행하게 될 경우 상담 시 지불했던 수수료 정도는 깎아주는 경우도 보았다. 우리에게 부족한 전문성은 전문가를 통해 보완하자.

그리고 기억해야 할 것은, 토지가 있는 해당 지역의 토목사무실을 이용해야 한다는 점이다. 지자체별로 허가에 대한 세부적인 내용이 다를 수 있다. 또 그런 내용은 자주 바뀐다. 이에 대해 가장 잘 알고 있는 곳이 그 지역 토목사무실이다. 조례 등 행정적인 내용뿐만 아니라 허가 담당자인 '사람'을 잘 알고 있는 곳 또한 그 지역 토목사무실이다. 담당자가 어떤 스타일인지도 의외로 중요하다. 어려운 단어를 써보자면, 허가는 기속행위가 있고 재량행위가 있다. 어려운 단어를 쉽게 말해 보자면 기속행위는 민원인이 요건을 다 갖추면 시청 담당자는 무조건 허가 내줘야 하는 거고, 재량행위는 민원인이 요건을 다 갖추어도 시청 담당자의 '판단'하에 허가가 날 수도 있고, 안 날 수도 있는 거다. 토지 투자를 할 때 건물은 안 지어도 '개발행위허가'까지는 경험할 가능성이 크다. 근데 이 개발행위허가가 바로 재량행위다. 시청 담당자의 판단이 영향을 미칠 수 있다. 빡빡한 스타일의 담당자라면 허가를 받기 위해 그만큼 빡빡하게 준비를 해야할 테고, 허가 때문에 시청에 늘 드나드는 토목사무실은 이를 잘 알고 있을 것이다. 나도 어떤 세금을 피하기 위해 허가를 변경해 보려고 토목사무실에 문의했었는데 이론적으로는 가능할 것 같다고 토목사무실은 답변을 했었다. 하지만 시청 담당자는 본인의 판단 하에 안 된다고 답을 줬고 결국 허가 변경은 못 했다. 곱게 세금 내야 한다. 허가에 대한 키를 쥐고 있는 시청 담당자. 그 담당자를 잘 알고 있을 토목사무실도 토지 투자를 위해 친숙해지면 좋을 곳이다.

토지투자에 당하지
않기 위해 가져야 하는 1가지
: 나만의 투자 기준

1. 투자 기간은 얼마나 예상하시나요?

있어도 그만 없어도 그만인 여윳돈으로 투자하는 사람들은 크게 중요하지 않을 수 있다. 하지만 다른 투자 종류에 비해 목돈이 들어가는 토지투자를, 모아놓은 돈 전부를 가지고 해야 할 때 혹은 대출 낸 돈으로 투자를 해야 하는 경우에는 '투자 기간'을 생각해야 한다. 토지다. 재수 없으면 10년, 20년 묶이는 일은 다반사고, 대대로 물려주는 일이 생길 수도 있다. 감당할 수 있을까? 주택이라면 월세 받아서 이자라도 낼 수 있지만, 토지는 아무 토지나 쉽게 임대가 이루어지지도 않는다. 내게 주어진 투자 기간에 맞는 토지를 사야 한다. 나는 토지투자를 하기 위해 집을 이사했다. 입주해서 1년 정도 살고 있던 신축 아파트는 전세를 주고 저렴한 곳으로 전세살이를 갔다. 그마저도 전세금 대출을 이용했기 때문에 엉덩이로 깔고 앉는 목돈을 최대한 줄일 수 있었다. 그 결과 2년 동안 이자 없이 쓸 수 있는 억 단위의 돈이 통장에 꽂혔다. 세입자는 딱 2년만 살 사람이라 내가 투자로 그 돈을 굴릴 수 있는 기간도 2년이 주어졌다. 아무 땅이나 살 수 없었다. 묶이면 많이 곤란해진다. 팔고자 할 때 쉽게 팔리는 땅, 그러려면 누가 봐도(토지를 잘 모르는 일반인이 보기에도) 좋은 땅을 사야 했다. 그런데 그런 땅은 비쌌다. 당연하지. 누가 봐도 좋은 땅이니까 비쌀 수밖에. 대신 작은 사이즈 토지를 샀다. 화성시 모처에 계획관리지역 150평 정도. 투자 기간이 짧아서 수익이 엄청나게 크진 않겠지만 내가 팔아야 할 때 팔기 수월할 것 같은 땅을 샀다. 내게 주어진 투자 기간을 고려해서 토지를 고른 거다. 좋은 땅이라 생각해 온갖 대출 다 끌어다가 투자를 했는데 금리가 급격하게 오르면서 힘들어하다가 결국 손해를 보고 정리하는 주변인들을 보았다. 땅이 나쁜 게 아니었다. 몇 달도 더 버티기가 힘들어 당장 현금을 쥐어야 했기 때문에 본전에서 손해 보면서까지 정리를 해버렸다. 돈을 굴릴 수 있는 기간을 예상하지 않고 섣불리 투자한 게 문제였다.

  내가 토지 공부를 하면서 인상 깊게 배우고 실천하고 있는 게 하나 있다. 바로 예상 투자 기간만큼 미리 이자 떼놓기. 그러면 스트레스가 확 줄어든다. 그만큼 마음과 정신이 여유롭다. 투자는 여유가 있어야 이길 확률이 높다. 투자 물건마다 차이가 있겠지만 세입자가 없는 토지투자는 기간을 어느 정도 예상하고, 그 기간만큼 이자를(약간 넉넉하게) 미리 통장에 넣어놓는 방법을 강력 추천한다. 예를 들어 토지를 매입하면서 2~3년의 투자 기간을 예상한다고 하자. 한 달 대출이자가 70만 원 정도 나가게 된다면 좀 넉넉하게 월 100만 원 3년치(36개월), 즉 3,600만 원을 이자 나가는 통장에 처음부터 넣어놓자는 거다. 매달 생활비에서 이자가 나간다면 금리 1%만 올라도 스트레스가 몰려올 텐데 이렇게 해두면 거의 신경 쓸 일이 없다. 처음부터 3년치 이자를 비용처럼 잡고 투자에 들어가면 이자가 연체될 일도 없다. 약간 넉넉하게 떼놓은 거라 금리가 약간 올라도 큰 문제 없다. 속 편하다. 잘 배운 덕분에 나의 첫 토지매입도 이런 방식으로 했다. 2년 6개월분의 이자를 미리 떼놓았다. 당연히 약간 넉넉하게 떼놓았다. 그런데 지금 2023년 초, 금리가 예상보다 더 올라있다. 떼놓은 금액에 맞춰 투자 기간을 조금 줄이거나 따로 이자를 조금 더 만들어서 투자 기간을 늘리거나 조정이 필요할 듯하다. 하지만 미리 준비해 둔 덕분에 치명적인 타격은 없다. 미리 투자 기간 예상하고 이자 떼놓기! 강력 추천 또 추천한다.

2. 이 투자의 목적은 무엇인가요?

공부를 하고 다양한 사례들을 접하다 보니 똑같이 토지를 사도 목적이 다르기도 했다. 나는 아직 내 코가 석 자다. 애들한테 물려주는 문제보다 당장 내 곳간이 차오르는 데에 더 집중되어 있다. 하지만 연세가 있으시고 자금에 여유가 있으신 분들은 지금 땅을 사는 목적이 효율적으로 자식들에게 부를 넘겨주시려는 경우가 많았다. '토지 적금'이라는 표현을 쓰셨다. 지금 평당 50만 원짜리 땅을 사는 일이 토지로 적금을 드는 것이고, 30년 후에 자녀가 땅을 팔아 수익을 쥐게 되는 일이 적금 만기 해지가 되는 셈이다. 우리 엄마도 사실 동생 몫으로 산 토지지분도 있었다. 멋모르고 저지르신 건데도 공부를 한 뒤에 살펴보니 그럭저럭 괜찮아 보여 이건 좀 다행이네 싶었다.

토지투자를 하려는 목적이 자식들에게 부를 넘겨주려는 목적이라면 일단 심호흡 한 번 하시고, 급하다면 최소한 세금(상속, 증여) 전문가에게 상담이라도 받아보시기를 권해드린다. 명의, 시기 등 고려해야 할 것들이 많다. 부자 동네에 가면 70대 할머니들도 매년 세금 강의를 찾아 들으신다고 한다. 재산을 보유하는 것뿐만 아니라 자식들에게 넘겨주는 것도 잘

하시기 위해서 애쓰시는 정말 멋진 어르신들이라 생각된다. 돈을 버는 방법도 열심히 공부해야 하고, 번 돈을 지키기 위해서도 열심히 공부해야 하고, 번 돈을 굴리기 위해서도 열심히 공부해야 한다. 그리고 번 돈을 잘 전달(상속, 증여)하기 위해서도 열심히 공부해야 하더라. 나를 위해 토지를 살 때도 실사용 목적인지 투자 목적인지 구분할 필요가 있다. 투자 목적이라면 나중에 팔 때까지도 고려해 본 뒤에 사야 한다. 나중에 어떤 사람들에게 이 땅을 팔 수 있을지, 가격은 얼마쯤에 팔 수 있을지, 땅을 그대로 팔지, 건물을 지어서 팔지, 임대를 줄 수는 있을지 등.

꼭 이야기하고 싶은 점은 한 가지 유일한 정답만을 고려하지 마시라는 거다. 출구 전략이라고 표현하는데 어떤 투자를 하든 2~3가지의 출구 전략을 짜놓고 하셔야 한다. 최선책을 생각하고 투자하되 꼭 차선책들도 마련해 두셔라. 인근에 공장이 많은 동네에 땅을 사면서, 편의점이나 함바식당 같은 상가를 지어서 임대 주려고 생각한 땅이 있었다. 그런데 우크라이나 전쟁이 터지면서 건축비가 엄청 오르고, 금리도 엄청 올라서 건축을 무리해서 진행할 수가 없었다. 전략이 하나뿐이었다면 이제 운에 맡겨야 하는, 절반쯤 실패한 투자일지도 모른다. 하지만 화성시 계획관리지역에 공장, 제조장 지을 땅이 귀해지게 되는 소식이 있었다. 그래서 허가의 종류를 제조장(작은 공장이라고 생각하면 된다.)으로 변경해 놓고 다른 출구 전략을 진행 중이다. 몇 가지 가능한 시나리오가 있지만 목적은 다 똑같다. 현재 내가 하고 있는 투자들의 목적은, 좀 더 큰 투자를 위해 자금을 불려 나가는 거다. 투자 규모(금액)가 클수록 사실 경쟁자가 적을 수밖에 없다. 조금 덜 치열한 투자판에서 조금 더 수월하게 수익을 얻기 위해 작은 투자를 반복하며 자금을 키우고, 공부를 하고 있다. 나도 아이 둘이 있지만 내가 열심히 고생해서 모은 돈 고스란히 물려줄 생각은 없다. 내가 고생했는데 내가 좀 편하게 지내야지… 대신 다양한 물고기를 잡을 수 있는 여러 가지 낚시 스킬을 알려줄 생각이다. 그러기 위해서 공부하는 과정, 투자하는 과정을 블로그 기록으로 남기고 있다. 아, 물론 살다가 아주 급한 일이 생길 때를 대비하여 아이들을 위한 물고기는 준비해 둘 거지만 아이들은 모르게 숨겨둘 생각이다. (앗, 애들이 이 책을 읽으면 들키는 거네…) 토지를 살 때 목적을 꼭 생각하자. 실사용 목적or투자 목적인지, 장기투자or단기투자인지, 재산 이전, 자산 증식 등의 목적인지.

3. 다른 사람이 아닌, '나'의 기준이 맞나요?

투자를 배우기 위해 여러 선생님을 쫓아다니는 사람은 많은데 자기 줏대를 가지지 못하는 사람도 많이 보였다. 지식과 경험이 쌓일수록 내가 가진 자금, 내가 투자할 수 있는 기간, 내 투자 목적 등에 맞게 투자 여부를 스스로 판단할 수 있어야 한다. 그러려면 '나만의 기준'이 필요하다. 나보다 투자를 잘하는 강사나 동료가 이 물건 좋다고 투자하라고 하니 귀는 팔랑, 마음은 둥실 들떠서 투자는 했는데 기대했던 결과가 나오지 않으면? 본인 탓이다. 생각보다 투자 기간이 길어져서 더 견디기가 버겁다? 본인 탓이다. 예상했던 수익률에 너무 못 미친다? 본인 탓이다. 강사나 동료가 권해준 물건은 '강사나 동료의 기준'에서는 정말 좋은 물건이었을 수 있다. 하지만 나한테는 그만큼 좋지 않을 수도 있다.

얼마 전 내가 투자를 놓친 물건이 있다. 물건만 보면 너무 괜찮았다. 입지도 좋고, 저평가되어 있고, 몇 가지 출구 전략도 가능했다. 그런데 '나의 기준'으로 보았을 때, 투자할 수 없다는 결론을 내렸다. 대출 때문이었다. 어떤 사정상 대출을 일으킬 수가 없었다. 현금으로만 매입하려면 가지고 있는 돈을 다 털어 넣어야 하는데 가정의 평화를 위해 그럴 수는 없었다. 너무 아깝고 속상한 마음은 10분 정도만 누리고, 깔끔하게 다음 투자처를 물색 중이다. 나만의 기준이 잘 정립되어 있다면 투자를 할지 말지 결정은 금방 끝난다. 투자를 계속 이어나가다 보면 공부를 할 수밖에 없고, 경험과 지식이 쌓이면서 나만의 기준을 정립하게 된다. 나만의 기준을 만들 때, 두 가지는 꼭 생각하시면 좋겠다.

▶첫째, 나를 알고 상대(토지 등 투자 대상)를 알아야 한다.

<나를 알기> 투자에 이용할 수 있는 현금은 얼마나 되는지? 대출 등을 이용해서 최대한 가용할 수 있는 자금은 얼마인지? 이용할 수 있는 대출은 어떤 것들이 있는지? 투자금에 따라 투자 기간은 얼마나 가능할지? 예상한 대로 투자가 이루어지지 않는다면 다른 대책은 있는지? 이 투자를 했을 때 어떤 세금들을 내게 되는지? 매입, 보유, 매도 각 단계에서 절세할 수 있는 방안은 없을지?

<상대를 알기> 지금 시기에 주식, 아파트 등에 투자하지 않고 토지투자를 선택한다면 이유가 무엇인지? 해당 물건의 장점은? 단점은? 아파트는 많이 소유하면 나라에서 싫어하지만(다주택자 규제) 토지는 여러 개를 소유해도 괜찮은지? 어느 지역에 토지투자를 할지? 이 토지로 수익을 낼 수 있는 방법(출구 전략)이 2가지 이상인지? 내가 투자한 물건에 대해 어느 정도 설명할 수 있는지?

▶둘째, 큰 수익을 내기 위한 기준보다는 잃지 않는 투자 기준을 만들어야 한다.

각종 투자를 가르쳐주는 선생님들이 너무 많다. 본업이 강의인 선생님들은 수강생을 모으기 위해 혹할 수밖에 없는 사례를 앞에 내세운다. 매우 짧은 기간에 엄청나게 높은 수익을 낸 사례. 감탄이 절로 나오는 사례.

거기에 현혹되지 않길 바란다. 우리가 그런 사례의 주인공이 될 가능성은 크지 않다. 그분들은 투자 경력이 길다. 경험 횟수도 엄청 많다. 그런 경력자의 대박 사례를 처음부터 내 기준으로 삼고 대박 수익만 노리다가 오히려 쪽박을 차게 될지도 모른다. 모험하지 마시라는 거다. 잘 될 수도 있고 안 될 수도 있는 것은 하지 말고, 잘 될 가능성이 최대한 큰 것을 고르셔라. 여러 가지 기준들을 적어놓고 최대한 많이 해당하는 것에 투자하셔라. 내 첫 부동산 투자는 아파트였다. 너무 좋은 선생님을 만났었다. 잃지 않는 투자를 하기 위한 여러 개의 기준을 배웠다. 그 기준표를 들고 이 동네 저 동네 아파트 점수를 매겨보았다. 신기하게도 거의 모든 기준에 부합하는 곳이 있었고, 첫 투자인데도 임장 한 번 가보지 않고 성공적인 투자를 할 수 있었다. (이렇게 하는 게 좋다는 말은 절~~대 아니다. 부동산 투자에서 임장은 필수!) 이 긍정적인 첫 경험 덕분에 지금까지도 투자 생활을 잘 이어오고 있다. 아파트나 토지나 어떤 투자든 마찬가지다. 대박 기준보다는 잃지 않는 투자를 할 수 있는 기준을 잘 만들어가시길 바란다. 특히 토지는, 다른 분야보다 어렵게 느껴져서 내 기준을 만들기도 어렵게 느껴질지 모르겠다. 어느 한 선생님의 말만 듣지 말고 여러 고수의 의견을 많이 들어보는 게 도움이 된다. 토지로 돈을 버는 방법은 생각보다 다양하다. 아파트처럼 획일적인 방식이 아니다. 많이 들어보고 내 상황에 맞게, 내 성격에 맞게 취하면 된다. 절대 잊지 마시길. 반드시 잃지 않는 투자를 해야 한다. 많이 버는 것보다 잃지 않는 것이 훨씬 더 중요하다.

04

마무리하는 글

투자 생활은 4년 정도, 그중 토지는 3년 차 되었고, 아파트, 오피스텔, 토지, 공매에 개인, 법인으로 경험을 쌓아가고 있다. 그간 느꼈던 점 중 몇 가지를 말씀드려 본다. 토지 공부는 어렵다. 더군다나 부모님 공부시켜드리는 건 더 어렵다. 그래서 대안으로 이런 체크리스트를 만들어 보았다. 그저 체크리스트가 있다고 부모님께 알려드리는 일은 공부보다 쉽다. 주변 어른들에게 '땅 사시기 전에 최소한 이거, 이거, 이거는 꼭 확인해 보세요~! 수첩에 적어드릴게요~!'라는 말을 종종 해놓기만 해도 도움이 된다. 리스트를 다 기억하지 못하더라도 '아, 체크하라고 하는 것들이 있었는데 뭐였더라?' 하고만 떠올리셔도 우리 부모님 소중한 돈 지키는 데에 큰 도움이 되리라 생각한다. 토지에만 국한된 내용도 있지만 다른 투자 대상에도 적용할 수 있는 내용도 있다. 컴퓨터를 다룰 줄 아는 부모님이시라면 직접 서류를 떼보실 수 있도록 연습시켜 드리는 것도 좋겠다. 알려드린 인터넷 사이트들을 즐겨찾기 해놓아 드리고 익숙해지실 수 있도록 도와드리자. 나의 시아버님께서도 일흔이 넘으셨지만 컴퓨터를 잘 다루신다. 프로그램도 만드신다. 안경이 필요하실 뿐. 조금 시간이 걸리더라도 충분히 익숙해지실 수 있다. 투자도 행복하기 위해서 하는 일이다. 투자 한 건 하고 부부싸움하거나 투자 잘못돼서 사네 못 사네 하는 얘기도 종종 들을 수 있다.

★ 행복한 투자 여정이 되려면 가족이 같이 관심을 가지고 조금씩이라도 공부하시길 바란다. 지식을 이해하는 정도나 투자에 얼마나 적극적인가 하는 태도는 차이가 있을 거다. 하지만 적어도 묻지마 투자에 당할 확률은 줄일 수 있고, 서로 대화가 되니 싸울 일도 줄어든다. 우리 집은 남편보다 내가 먼저 토지 공부를 시작하고 투자도 하기 시작했다. 아파트 투자와는 특색이 참 다른데 아파트 투자에 익숙한 남편은 수시로 의문을 제기했다. 나는 이해가 되는데 남편은 왜 이해를 못 하지? 짜증 났다. 그치만 나도 수준이 높은 게 아니니 이해시키기가 버거웠다. 낮이고 밤이고 수시로 민원을 제기하는 까칠한 민원인과 함께 사는 기분이랄까…. 그러다 남편이 조금씩 토지 공부를 하고 귀가 열려가니 대화하기가 수월해졌다. 적극적으로 지지해 주고 응원해 주는 물주님으로 탈바꿈하셨다. 혼자 사는 분이 아니라면 투자는 가족이 함께하시기를 권해드린다. 그렇다고 또 공부만 하시면 안 된다. 금방 나가떨어진다.

★ 꼭 실천해서 작은 수익이라도 내는 사이클을 자꾸 반복해 보셔야 한다. 나도 주변에서 강의 수강료로만 천만 원 쓰신 분을 보았다. 토지에 마음을 두셨다면 진하게 1년 이상은 토지만 공부하시고, 감당할 수 있는 범위 내에서 안전한 투자도 경험해 보면 자연스럽게 그다음 걸음은 어디로 어떻게 떼야 할지 눈에 들어온다. 망설이지 마시길. 두려움만 더 커질 뿐이다. 공부만 너무 깊이 하는 지인들은 오히려 투자를 잘 못 하는 것 같다. 단점을 너무 잘 찾아내는 것 같아서 대단해 보일 때도 있다. 하지만 실천하려고 할 때는 부정적인 말만 늘어놓으면서 추진하는 건 더뎌 보였다. 나는 공부만 하고 실천은 하지 못하는, 똑똑한 바보가 되지 않기 위해 작정하고 몸을 움직였다. 한 달에 한 번은 수도권 임장을 다녔다. 지금도 현

재 진행 중이다. 한 번 다녀오는 게 쉽지 않기 때문에 남편에게 양해를 구해서 1박 2일로 토지 임장, 공매물건 임장, 세미나 참석 등 여러 일정을 치르고 온다. 경매 입찰 1건을 위해 새벽 첫 ktx를 타고 부천까지 갔다가 개찰 후 바로 내려오기도 했다. 경매에 비해 상대적으로 공개된 정보가 부족한 공매 물건을 보다가 너무 궁금한 게 있어서 아침 10시에 바로 차 시동 걸고 화성까지 다녀와서 궁금증을 해소한 적도 있었다. 그날 당일 운전만 10시간 넘게 한 것 같다. 기름값, 교통비 등 생각하면 오바스러운 행동이라고 생각하실까? 아니, 전혀. 나는 절대 그렇게 생각하지 않았다. 주요 고속도로, 수도권 주요 투자처마다 내가 씨앗을 뿌리고 다니는 거라고 생각했다. 그러니 너무 신났다. 돈 되는 수도권 모든 도시에 씨앗을 뿌리며 내 족적을 남기고 싶었다. 언젠가 다 열매로 거둬들일 거다. 반드시.

　행복하게 사는 데에 있어서 투자가 좋은 도구가 될 수 있다고 생각한다. 그중에서도 토지는 정말 너무 매력적인 것 같다. 많은 사람이 토지를 잘 알게 되지 않았으면 좋겠다. 내가 많이 해먹고 싶다. 웃기지만 솔직한 내 마음이다. 아직 해보고 싶은 토지투자 종류가 많아 기대를 가지고 공부하며 노려보고 있다. 투자금과 투자 타이밍이 딱 맞을 때를 만들기 위해 내 돈도 열심히 일하고 있고, 나도 열심히 공부하고 있다. 꽃마다 피는 시기가 각각 다른 것처럼 투자나 일의 성과도 각자의 개화기가 있는 것 같다. 나도 독자님도 멋진 꽃을 피우기 위해 잘 준비하면 좋겠다. 아자아자 파이팅! 나도 파이팅! 독자님도 파이팅!

멋진 미래의
색다른 투자 사례

█ 국유지 임대 공매

경매, 공매는 그 자체가 투자의 목적은 아니라고 본다. 부동산 투자의 수익률을 높이기 위해, 물건을 싸게 사는 수단 중 하나일 뿐이다. 사는 거다. 그런데 공매는 경매와는 조금 다르게 임대물건도 있다. 빌리는 거다. 국가 소유의 부동산을 일정 기간 임대료를 내고 빌릴 수 있다. 방식은 일반 경·공매와 마찬가지다. 원하는 가격을 써서 입찰하고, 가장 높은 가격을 쓴 사람이 낙찰된다. 땅도 있고, 지하철 역사나 버스터미널 등에 상가, 물건보관함 자리도 있고, 학교 매점, 자판기 운영권, 자주 있는 건 아니지만 아파트도 가끔 나온다. 이 글을 쓰는 지금도 검색해 보니 부산 해운대에 있는 아파트가 임대 물건으로 검색이 된다.

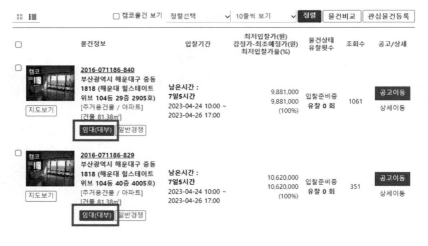

[그림 20]

　　임대 공매로 나오는 토지의 종류는 다양하다. 농사지을 수 있는 농지도 있고, 많이들 알고 있는 공영주차장도 물건 분류상 토지에 해당된다. 농지는 굉장히 저렴하게 임대가 가능하다. 수요가 그리 많지 않기 때문에 유찰도 많이 된다. 근처에 180평 정도 되는 국유지 밭이 임대 공매 물건으로 나왔길래 낙찰받아 아이들 주말 놀이터 겸 텃밭처럼 이용해 볼까 생각했었다. 소똥 냄새 그윽한 동네에 임장도 갔었다. 최초 예정가액이 26만 원이었다. 1년 임대료라고 생각하면 된다. 낙찰받으면 5년, 원한다면 한 번 더 연장해서 최대 10년까지 한 달에 약 21,000원 임대료를 내고 180평 밭을 쓸 수 있는 거다. 유찰되어 10만 원 정도가 되면 입찰 들어가려고 했는데 중요한 투자 물건이 아니다 보니 까먹고 날짜를 놓쳐버렸다. 생각났을 때 들여다보니 6만 원에 누군가가 단독입찰로 낙찰받았더라. 낙찰자는 최대 10년간 한 달 임대료 5,000원에 180평 밭을 이용할 수 있게 된 거다. 국유지 임대 공매로 이런 소소하지만 쏠쏠한 경험도 할 수 있다. 솔직히 공매는 일반 매매시장처럼 내 입맛에 딱 맞는 물건이 나타나기는 힘들다. 하지만 간혹 먹을 만한 게 좀 있는 물건을 만날 수도 있다.

나는 국유지 토지 임대 공매를 통해 수익을 내는 투자를 하고 있다. 7명 공동투자로 하고 있고 현재 수익을 높이기 위해 애쓰는 중이다. 진부한 사례가 아니기에 간단히 한번 소개해 보겠다. 광역시 모처에 상업지역에 있는 대지가 임대 공매로 나왔다. 공매 나오기 전에는 인근 모텔이 이 땅을 임대해서 주차장으로 사용했었다. 함께 공투하는 7명 중 해당 지역에 사는 사람은 아무도 없는데(가장 가까이 사는 사람이 나였는데 거의 2시간 거리다.) 이 땅을 임대해서 무엇을 하려고 했을까? 우리의 전략은 무인 주차장 운영이었다.

▌ 무인 주차장 만들기

위락시설이 집중된 상업지역이라 야간에 주차 수요가 많을 것이라고 판단했다. 주변 탐문을 해본 결과 길가에 불법주차가 즐비하다고 했다. 심할 때는 양방향 불법주차 때문에 정작 주행은 편도로만 겨우 할 수 있는 구간도 있다고 했다. 솔깃한 탐문 내용이었다. 공매 낙찰을 받게 되면 3년간 임대 계약을 하게 되는 거였다. 큰 문제가 없다면 한 번 더 3년을 추가로 임대할 수 있으니 총 6년간 이 땅을 이용할 수 있다. 6년간 주차장을 운영할 수 있다는 말이다. 감정가 수준에서 낙찰받았다. 단독입찰이었다. 기존 담장을 허물고 펜스를 쳤다. 약 두 달 동안 전기공사, 주차장 설비공사, 인터넷 설치 등의 공사와 사업자등록 등 행정절차를 거친 후 영업을 개시했다.

크게 두 가지를 해결하면 될 것 같았다. 첫째, 국유지 임대료와 주차장을 만드는 비용까지 감안했을 때도 수익성이 있겠는지. 둘째, 불법주차를 하지 않고 유료 주차장을 이용하도록 유도할 수 있겠는지. 사실 경험이 있는 사람은 없었다. 하지만 괜찮다. 누구에게나 처음은 있다. 먼저 수익 예상은 굉장히 보수적으로 했다. 회전율을 낮게 잡아보았고, 수익이 크지는 않더라도 플러스가 예상되었다. 다음으로 주차장 이용을 늘리기 위해서는 지금도 작전 진행 중이다. 인근 모텔에서 정기계약을 했고, 렌터카 업체와 계약도 했다. 하지만 수익률을 제대로 높이려면 회전율을 높여야 해서 공투 인원들이 각자 역할을 맡아 다방면으로 노력하고 있다.

사실 이 사례는 오롯이 토지투자 사례라고 할 수는 없다. 토지를 이용한 사업과 공매를 결합한 사례다. 토지 공부와 공매 공부를 꾸준히 하다가 만나게 된 보너스 기회랄까. 토지투자든 무엇이든 마찬가지라고 생각한다. 어려워 보이고, 거대해 보이고, 하고는 싶은데 무엇을 어떻게 해야 할지 모르겠을 때, 뭐든 손에 닿는 것부터 들여다보고 알아보면 된다. 투자는 기계를 조작하는 일처럼 모두에게 똑같이 적용되는 정해진 순서가 있는 게 아니다. 일단 맞닥뜨린 것부터 해 나가다 보면 자신만의 순서가 잡힌다. 그렇게 또 계속 해가다 보면 내가 할 수 있는 기회를 만나게 되는 것 같다. 지금 독자님이 맞닥뜨린 무언가가 있으시다면 그것부터 해보시기 바란다. 부족한 글을 읽어주신 따뜻한 마음을 지니셨으니 좋은 일이 있으시길 진심으로 기도하겠다.

사진 출처

[그림 1] 일사편리 사이트에서 확인한 부동산종합증명서(소유자가 23명)

[그림 2] 지분 소유 토지 등기

[그림 3] 일사편리 사이트에서 확인한 부동산종합증명서(담보권 유)

[그림 4] 대법원인터넷등기소에서 확인한 등기사항전부증명서(다른 공유자 근저당)

[그림 5] 등기사항전부증명서 발급할 때 요약본

[그림 6] 등기 요약본

[그림 7] 토지이용계획확인원 (보전녹지지역과 공익용산지)

[그림 8] 현황은 도로에 붙어있는 것 같은 땅(출처: 카카오 맵 로드뷰 https://map.kakao.com)

[그림 9] 임야도

[그림 10] 현황은 도로와 떨어져 있는 본부지(출처: 카카오 맵 https://map.kakao.com)

[그림 11] 현황 도로와 본부지 사이에 끼인 국유지 산143도(출처: 경기부동산포털 https://gris.gg.go.kr)

[그림 12] 보전관리지역에 예쁘게 분할된 맹지 상태 땅들(출처: 카카오 맵 스카이뷰 https://map.kakao.com)

[그림 13] 전원주택부지와 단지 내 도로가 함께 나온 경매 물건(출처: 옥션원 www.auction1.co.kr)

[그림 14] 토지 부동산 전화번호 사진들

[그림 15] 카카오 맵 로드뷰로 토지를 다루는 부동산인지 확인하기(출처: 카카오 맵 로드뷰 https://map.kakao.com)

[그림 16] 산업단지와 도시개발구역이 인접한 필자 어머니의 땅(출처: 카카오 맵 스카이뷰 https://map.kakao.com)

[그림 17] 구글어스로 본 숲이 우거진 엄마 땅(출처: 구글어스 https://earth.google.com)

[그림 18] 토지 공부하며 전화 돌렸던 토목사무실 리스트

[그림 19] 경사도 확인(출처: 임업정보 다드림 https://gis.kofpi.or.kr)

[그림 20] 아파트 임대 공매 물건

2장

01
'우물 안 개구리',
토지시장에 발을 들이다

평범한 직장인, 한 사람의 남편, 두 아이의 아빠, 그때까지 나를 설명하는 단어 전부였습니다. 대외적으로는 회사 빼고는 마땅히 저를 소개할 것이 없는 그런 평범한 사람이었죠. 그런데 지금은 토지 강의 강사, 토지개발 전문가, 막강토지군단 LCM, 토지 블로거, 토지 분야 지식인 전문가, 토지 컨설턴트, 토지 유튜버 등등 나를 설명하는 데 있어서 토지라는 단어가 주요 수식어가 되었습니다. 앞으로는 더더욱 토지가 제 삶을 채워 나갈 것이라 기대하고 있습니다. 불과 몇 년 전만 해도 지목이 무엇인지도 모르고, 전과 답의 차이도 모르던 사람이 이제는 자신을 설명할 때 '토지' 이 두 글자를 빼놓을 수 없게 되었습니다. 사회생활한 지 십수 년 차 시작할 때부터 저는 스스로가 보통 이상이라고 생각했습니다. 보통 이상의 회사에서 직장생활을 시작하였고, 보통 이상으로 인정받으며 일을 하였습니다. 늘 남들보다는 조금 더 앞서 있다는 생각으로 살아왔고, 그래서 남들보다 좀 더 나은 삶을 살고 있고, 앞으로도 평균 이상의 삶을 살 수 있겠다는 근거 없는 자신감과 착각 속에 살았습니다. 그렇게

십여 년을 지나고 보니 직급도 남들보다 조금은 빨리 오르고, 월급도 그에 맞추어 계속 오르긴 하였지만, 무엇인가 이상한 느낌을 받았습니다. 분명히 나는 남들보다는 조금 더 나은 삶을 살고 있어야 하는데, 제 삶은 남들과 전혀 다르지 않았습니다. 하루 대부분의 시간을 회사에서 보내야 했고, 좋아하는 해외여행도 마음껏 갈 수가 없었으며, 소비를 할 때면 무의식적으로 가성비를 따지고 있었습니다. 괴리감! 정확히 그 단어 그대로의 느낌이었습니다.

이 괴리감의 원인을 정확하게 알게 된 사건이 있습니다. 어느 날 회사 사람들과 회식을 하다 분위기가 무르익을 때쯤 경제적인 것에 대해 얘기를 하게 되었습니다. 자연스럽게 각자의 집, 자동차 등 자산에 대해서 얘기하며 늘 그렇듯, 월급쟁이로서 서로 신세 한탄을 하는 시간이었습니다. 그런데 그 모임에 있는 사람 중에 가장 회사에서 눈에 띄지도 않고 성과도 잘 내고 있지 못한 분이 자신의 얘기를 시작하였을 때, 참석했던 모든 사람의 눈이 휘둥그레졌습니다. 너무나 놀라지 않을 수가 없었습니다. 저보다 부족할 거라고 막연하게 생각했던 사람이 알고 보니 경제적인 부분에서는 저를 훨씬 앞서 있었던 것입니다. 괴리감! 그제서야 저는 현실과 내 생각이 왜 차이가 나는지 알 수 있었습니다. 저의 실제 현실은 남들과 별 차이가 없는 보통인데, 스스로를 보통 이상일 거라고, 타인보다 더 나은 삶을 살고 있다는 착각! 그 근거 없는 착각이 바로 괴리감의 근본 원인이었습니다. 그날 저녁 집에 오는 길에 갑자기 눈앞이 캄캄해지고 등에 식은땀이 흘렀습니다. 제 자신이 매우 한심스럽고 바보같이 느껴졌습니다. 우물 안에 있는 개구리의 감정을 100% 공감할 수 있었습니다. 집에 와서 자고 있는 아이들 얼굴을 보는데 미안한 마음이 드는 게 아닙니까? 저의 잘못된 판단과 착각으로 인해 피해를 고스란히 받게 될 아이들을 생각하니 불쌍하기도 하고 부끄럽기도 하였습니다. 그때 느꼈습니다. 저의 실패는 나 하나로만 해서 끝나는 게 아니겠다. 내 한 번의 실패는 우리 네 식구, 즉

4명의 실패라는 것을요.

그때부터였습니다. 너무나도 불안해서 가만히 있을 수가 없었습니다. 태어나서 처음으로 미래가 불투명하다는 느낌이 온몸을 휘감았습니다. 당장 무엇이라도 하지 않으면 큰일 날 것 같았습니다. 그래서 당장 도서관으로 가서 손에 잡히는 재테크 관련된 책은 무엇이든 읽어갔습니다. 그리고 주변에서 추천하는 경제강의도 찾아가서 들었습니다. 그렇게 1년여간 200여 권의 책을 읽고, 부동산, 주식, 재테크 경매 등등 강의도 숱하게 수강하면서 이것저것 조금씩 투자를 시작하였습니다. 하지만 뚜렷한 목표와 방향이 없다 보니 이것저것 닥치는 대로 원칙 없이 투자하는 저를 발견하였습니다. 주택 관련 강의를 들으면 주거형 부동산이 좋아 보여서 아파트를 사기도 하고, 주식 고수의 책을 보니 이번엔 주식투자가 매력적으로 보여 국내 주식, 해외 주식에 투자를 시작하기도 하였습니다.

"달걀을 한 바구니에 담지 말라"는 말이 있듯이, '분산 투자는 좋은 것이야.'라고 스스로를 합리화해 보았지만, 이건 아니다 싶었습니다. 달걀을 한 개씩 여러 바구니에 나눠 담는다면 수익을 볼 수 있지만, 부화되어 황금알을 낳는 거위로 자랄 수 있는 달걀을 만들지는 못할 것 같았습니다. 우선 한 분야를 꾸준히 파서 성공하는 방법을 확실하게 만들고 나서, 그 다음에 다른 분야로 넓혀가는 것이 좋겠다고 결론을 내렸습니다. 그래서 스스로에게 솔직하게 물어보았습니다. '나의 목표는 무엇인가?', '왜 재테크 투자를 하는가?'부터 질문하였습니다. 곰곰이 생각해 보니 간단명료하고 꾸밈없이 '나는 부자가 되고 싶다.'였습니다. 그렇습니다. 저는 부자가 되고 싶었습니다. 착각이 아닌 진짜 현실에서 보통 이상의 삶을 살고 싶었습니다. 괴리감 없는 그런 삶, 저 자신뿐 아니라 가족들의 미래도 불안하지 않은 그런 상태가 되고 싶었습니다. '좋아. 목표를 정했으니 이젠 거기에 도달할 수 있는 방법, 꾸준히 팔 만한 한 가지 분야를 정하자!'

이리저리 고민해 보았지만, 세상에는 참 다양한 부자가 되는 방법이 있어서 그 많은 분야 중 하나를 정하는 것부터 쉽지 않았습니다. 그래서 질문을 바꾸어 봤습니다. '부자랑 가장 잘 어울리는 단어가 무엇일까? 부자 앞에 있을 때 가장 자연스러운 단어가 무엇일까?' 주식부자, 현금부자, 금부자, 아파트 부자 등등 여러 가지가 있지만, 이때 제 머릿속에 떠올랐던 건 바로 땅! '땅부자'였습니다. 예전부터 들었던 말들 "땅은 배신하지 않는다", "결국 땅값은 오른다", "땅은 안전하다." 등이 떠오르면서, '그래, 나는 땅으로 부자가 되어야겠다.' 이렇게 목표와 방향을 확실하게 정하고, 토지 분야에 정진해 왔습니다.

처음 토지를 공부하기 시작할 때, 매우 힘들었습니다. 알아야 할 법령들도 너무나 다양한데, 법률 한 문장을 해석하기 위해서는 서로 참조가 되어있는 법률, 시행령, 시행규칙, 조례 등 수십여 개의 법령을 찾아봐야 했습니다. 여기에 비단 토지 관련 법령뿐 아니라, 「공법」, 「양도세법」, 「등기법」, 「법인세법」 등 필수적으로 알고 있어야 하는 것들도 많다 보니 들이는 노력과 시간에 비해서 결과가 눈에 보이지 않는 느낌이었습니다. 감사하게도 당시에 저에게는 좋은 멘토분이 계셔서 시행착오를 최소화하면서 빠르게 성장할 수 있었습니다. 저도 토지에 처음 발을 들이는 분들이 이 정도 개념을 알고서 시작한다면 중간에 포기하지 않고, 실수를 줄일 수 있겠다는 생각으로, 그분들에게 도움이 되고자 하는 마음에 이 책을 집필하게 되었습니다.

02

토지투자
이 정도는 알고 시작하자

"기회의 땅"이라는 말이 있습니다. 원래는 아메리칸 드림을 의미합니다. 저는 이 문장에 새로운 의미를 부여해서, 땅이 가리키는 것이 특정 국가가 아니라 세상의 모든 토지를 뜻한다고 생각합니다. 토지는 그 활용도가 무한하기 때문에, 토지로 돈을 벌 수 있는 기회 또한 무궁무진하다고 보기 때문입니다. 손쉽게 우리 주위를 둘러보면 땅을 통해 자산을 불리거나 부를 이룬 사례가 너무나도 많습니다. 그리고 그 방식도 제각각입니다. 그만큼 토지의 투자방법도 다양하다는 의미입니다. 제가 모든 토지투자 방식을 다 경험해 보지 않았기 때문에 어느 방법이 더 좋다고 말할 수는 없을 것입니다. 각각 상대적인 장·단점이 있을 테니까요. 다만, 그중에서 토지개발! 제가 생각하기에 토지개발의 장점은 능동적인 투자, 단기투자가 가능하다는 것입니다.

토지를 사서 그 상태로 두지 않고 누군가 가치를 끌어 올려주거나 주변 환경이 변하여 토지값이 상승하는 것을 기다리지 않고, 직접 내 손으로 개발이라는 행위를 통해서 가치를 끌어 올릴 수 있는 능동적인 투자가 가능합니다. 직접 개발을 하다 보니 내가 생각한 일정대로 진행되는 경우가 많았습니다. 개발이라는 행위를 통해 가치를 현재 상태보다 좀 더 가치가 있는 상품으로 바꾸어서 시장에 내놓기 때문에 그만큼의 부가가치도 창출할 수 있죠. 다만, 단점이라면 개발이 안 되거나 잘못되는 경우에는 오히려 손실을 볼 수 있습니다. 개발을 하려고 토지를 샀는데, 막상 사서 개발행위허가를 신청하니 토목사무실에서 '이 땅은 허가가 안 납니다.'라는 황당한 말을 듣는 경우가 있습니다. 바로 옆 땅에는 건물도 올라가 있고, 내 토지 앞에는 번듯하게 차 다니는 도로가 있는데도 말이죠. 그래서 공부가 필요한 것이라고 생각합니다.

물론 모든 토지투자 방식에는 공부가 필요하다고 생각합니다. 다만 각각의 투자방식에 따라 좀 더 중요하게 공부해야 하는 부분이 있듯이, 저는 이 책에서 토지투자의 한 방법인 토지개발로 돈을 벌기 위해서 조금 더 중요한 것들에 대해서 알려드리려고 합니다. 토지개발로 돈을 벌고자 하시는 분들에게 도움이 되고자 이것만은 꼭 아시면 좋겠다는 마음입니다.

가. 눈에 보이는 것이 전부가 아니다
– 토지이용계획확인원

일반적으로 부동산 투자상품에는 부동산은 토지·건물·주택 등이 있습니다. 특히 많은 분들이 쉽게 접하는 주택, 그중 아파트의 경우에는 각 호실이 눈으로 보기에도 명확히 구분되어 있어서 어디부터 어디까지 다른 사람 집인지, 어디가 내 집인지 부동산에 대한 지식이 거의 없어도 쉽게 구별할 수 있습니다. 보통 문과 벽으로 공간이 확실하게 분리가 되어있기 때문에 굳이 도면 등을 확인하지 않아도 알 수가 있죠. 그런데 토지라는 부동산은 그렇지가 않습니다. 경계가 눈으로 확인되는 경우가 있지만, 그렇지 않은 경우도 굉장히 많습니다. 하나의 필지라고 생각했는데 알고 보니 여러 개의 지번으로 나뉘어 있는 땅들도 많고, 수년간 여기까지가 내 땅이라고 생각했던 부분인데, 어느 날 옆 토지 주인이 자기 토지의 일부분을 사용하고 있다고 소송이 들어오는 경우도 있습니다. 그리고 눈으로 보기에는 현황이 밭인 줄 알았는데 나중에 알고 보니 임야인 토지도 있고, 도로라고 생각했던 토지들이 공부상에는 밭이나 임야로 되어있는 경우도 많이 있습니다.

따라서 토지라는 부동산은 눈으로 판단하는 것은 매우 위험한 투자상품입니다. 현황만 보고 그릇된 판단을 하게 되면 큰돈을 잃을 수도 있습니다. 따라서 토지는 꼭 현황을 보고, 토지이용계획확인원이라는 문서를 꼭 확인해야 합니다. 이름이 거창해서 마치 정부나 공공기관의 일부 부서만 알고 있는 내부 문서라고 오해할 수도 있지만, 땅의 주소만 알고 있다면 인터넷 검색을 통해서 누구나 쉽게 찾을 수 있는 문서입니다. 대표적으로 토지이음(https://eum.go.kr/)에서 토지이용계획확인원을 열람할 수 있습니다.

나. 눈에 보이는 것이 전부가 아니다
– 경계확인

토지이용계획확인원을 열고 먼저 확인해야 할 것 중 하나가 경계확인입니다. 우선 내가 사고자 하는 토지가 어느 토지들과 접해있는지 확인합니다.

그리고 각각 접한 토지들에서 어디까지가 내 땅인지, 혹시 다른 토지에서 내 땅을 침범한 부분이 있는지 확인해서 이 부분을 어떻게 해결할 것인지 생각해야 합니다. 예전에 토지를 보러 간 적이 있습니다. 지적도로 경계를 확인하는 도중에 이상하게도 옆 토지 주인의 창고건물의 2평 정도 부분이 제가 사려는 토지에 걸쳐있는 겁니다. 그 옆 토지주에게 침범했다고 하니 펄쩍 뛰면서 그럴 리가 없다고, 십여 년간 그 부분은 자기 토지인 줄 알았다고 합니다. 제 입장에서는 당연히 남의 토지이니 돌려주어야 한다고 생각하겠지만, 상대방 입장에서는 수십 년간 내가 사용하던 땅이니 내 것이라고 주장할 수 있습니다. 결국 다툼 끝에 합의가 안 되어 법정소송까지 가게 되는 겁니다. 물론 법적으로는 승소할 가능성은 크지만, 소송 승소와 투자 성공이 항상 같은 것은 아니기 때문에, 토지개발로 돈을 벌겠다는 초기 목표를 달성하지 못 하는 경우가 생깁니다. 그래서 반드시 경계를 확인해서 침범하는 부분이 있다면 이 부분을 제외할 것인지 찾아올 것인지 결정해야 합니다. 그리고 경계를 확인한 후에 또 생각해야 할 것이 토지의 모양입니다. 개발을 통해 최고의 부지로 만들기 위해서 현재 토지 모양이 맘에 들지 않는다면 옆 토지까지 매입을 시도해 볼 것인지 판단을 해야 합니다. 또 다른 예로 지인이 토지물건을 봐달라고 한 적이 있습니다.

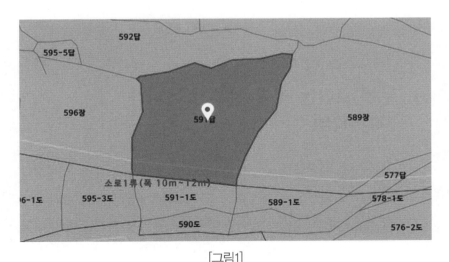

[그림1]

[그림2]

[그림3]

[그림3]처럼 로드뷰로 보니 도로에도 잘 붙어있고 평지 수준이라 좋은 물건이라 생각했습니다. 매물로 나온 지번을 물어보고 지적도를 확인해 보았는데 산 166-5임이 길게 본 토지와 도로 사이에 있는 것입니다. 이 사실을 지적도와 함께 지인에게 전달했고, 다행히도 아직 계약 전이라 큰 실수를 피할 수 있었습니다. 만약 이 부분을 간과하고 덜컥 계약하였다면

산 166-5임 토지주인에게 비싼 값을 그 토지를 주고 사거나 최악의 경우에는 내 토지를 그 토지주에게 헐값에 팔아야 할 수도 있습니다. 물론 오래 가지고 있다 보면 언젠가 좋은 일이 생겨서 큰돈이 될 수도 있을지는 모릅니다. 다만 토지개발을 통한 단기투자 목적으로 토지를 샀다면 실패한 투자일 수 있습니다.

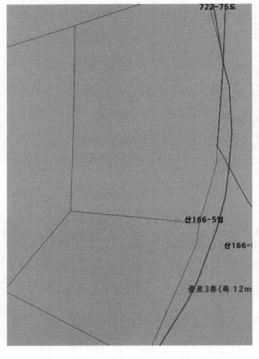

[그림4]

또 다른 경우로는 착시로 인해서 눈에 보이는 토지의 면적과 실제 도면상 면적이 다른 적이 있었습니다. 지인의 요청으로 화성시에 땅을 보러 갔습니다. 지인과 함께 도착해서 땅을 보면서 설명을 들어보니 약 200여 평의 토지이고, 일단은 사두었다가 추후 기회가 되면 개발을 해보겠다고 합니다. 그런데 제 눈으로 보기에는 지인이 말한 것보다 토지의 면적이 작아

보이는 겁니다. 아무리 크게 잡아도 150여 평 정도로 보였습니다. 이상하다 싶어서 지적도를 보며 경계를 확인해 보니, 본토지 뒤쪽으로 3미터 정도 꺼져서 메운 농지가 있었고, 그중의 일부분이 지인이 사려고 하는 토지와 한 필지였던 것입니다. 만약 이를 간과하고 토지를 샀다면 추후에 개발을 하기 위해서는 성토비를 많이 들이거나 면적을 줄여서 개발을 해야 했을 것입니다. 따라서 꼭 이 토지를 사야겠다면 지적도를 보고 경계를 확인한 후에 매수전략을 수정해야 할 것입니다. 예를 들어 가능하면 뒤에 꺼진 땅을 제외하고 분할해서 사든지, 성토를 많이 해야 하니 매매가를 깎든지 등 매도인과 협의를 시도해 보는 것입니다.

이처럼 토지개발은 예상하지 못한 추가 비용이나 리스크를 줄이려면 초기 계획을 잘 세워야 하니, 지적도를 보고 경계를 확인하는 것은 기본이면서도 중요한 활동이니 꼭 잊지 않으셨으면 합니다. 경계를 확인하는 방법은 토지이용계획확인원의 지적도와 스마트폰에 설치된 지도 앱에서 지번으로 검색한 지적도와 같은지 확인한 후에, 스마트폰 지도 앱에서 GPS로 내 위치 탐색을 누른 상태에서 경계를 따라서 움직이면서 확인하는 것입니다.

다. 눈에 보이는 것이 전부가 아니다- 지목

지목은 「공간정보의 구축 및 관리 등에 관한 법률」에 "토지의 주된 용도에 따라 토지의 종류를 구분하여 지적공부에 등록한 것을 말한다."라고 정의되어 있습니다. 예를 들어 우리가 보통 토지를 '대지'라고 부르는데, 실제로는 '대'라는 지목은 주택이나 근린생활시설이 올라간 토지를 의미합니다. 공장용지는 '장'이라고 해서 제조업소나 공장이 지어져 있는 토지를 가리킵니다. 건물이 없는 토지 중에는 '전'이라고 해서 밭작물을 키우는 농지가 있고, '답'이라고 해서 벼농사를 짓는 토지가 있으며, 산인 임야는 줄여서 '임'이라고 표시합니다. 그런데 모든 토지가 이렇게 지목이 가리키는 용도대로 쓰이고 있다면 문제가 없겠지만, 현장에 가보면 지목은 전인데 건물이 올라가 있는 경우도 있고, 파, 마늘을 심고 있는데 지목은 임인 경우도 있으며, 어떤 토지는 지목이 답인데 도로가 나있을 수도 있습니다. 이렇게 된 데에는 토지조사사업이 오래된 것도 있지만, 토지를 지목과 다르게 사용하여도, 지목 변경을 강제화하지 않았던 적도 있기 때문입니다.

토지개발에서는 현재 사용용도보다는 토지이용계획원상에 적혀있는 지목의 종류가 중요합니다. 이 지목이 무엇이냐에 따라 국가에 내야 하는 세금이 수천에서 수억까지 차이가 날 수 있기 때문입니다. 토지개발을 하려면 지목에 따라 「국토의 이용 및 계획에 관한 법률」에 따라 개발행위허가라는 것을 득해야 합니다. 이때 내야 할 세금의 종류가 눈에 보이는 지목이 아닌 토지이용계획원상에 적혀있는 지목의 종류로 결정됩니다. 그렇다면 먼저 세금을 내야 하는 지목에 대해서 알아둘 필요가 있습니다. 우리나라에는 지목이 총 28개가 있습니다. 이 중에서 개발행위허가 시 국고 세금을 내야 하는 지목은 일반적으로 5가지입니다. 전, 답, 과수원, 목장용지, 임야 이렇게 5개이고, 이 중에 전, 답, 과수원은 모두 농사짓는 토지이기 때문에 농지로 분류합니다. 농지는 개발행위허가를 받으려면 공시지가의 30%×m^2 면적에 해당하는 농지보전부담금을 납부해야 합니다.

그러면 왜 농지는 다른 지목들과 달리 개발하려면 별도의 세금을 납부해야 할까요? 수천 년 전부터 농작물은 우리의 중요한 식량자원입니다. 그만큼 중요한 식량자원을 생산해야 하는 농지는 도시화와 개발로 인해서 안타깝게도 점점 사라져 가고 있습니다. 농지보전부담금은 이렇게 소중한 농지를 개발을 통해 다른 지목을 바꾸어 버리려고 한다면 그만큼 다른 농지를 관리해서 생산량을 늘리거나 신규로 농지를 조성하기 위한 비용을 개발자에게 부과하는 세금입니다. 만약 농지보전부담금 없이 행정 수수료 정도만 받고 개발을 하게 두었다면 아마도 지금보다도 농지들이 더욱 빠르게 줄어들었을지도 모릅니다. 그래서 공시지가와 면적에 따라 적게는 수백, 수천에서 많게는 수억까지 부과하는 것입니다. 예를 들어 공시지가가 10만 원이고, 면적이 2,000㎡인 농지의 농지보전부담금은 100,000×0.3×2000=6천만 원입니다. 물론 적지 않은 돈이지만 개발을 통한 수익을 생각하면 감당할 수 있을 만하기도 합니다. 하지만 공시지가가 매우 높은 지역이라면 얘기가 달라집니다. 예를 들어 같은 면적 기준으로 공시지가가 1,000만 원이라고 하면 농지보전부담금은 10,000,000×0.3×2,000=60억 원입니다. 놀라운 금액입니다! 농지가 중요한 건 맞으나 약 600여 평을 개발하기 위해서 60억 원을 내야 한다니. 비현실적인 금액이다 보니 일반 사람들은 농지를 개발하지 못하게 하려는 의도인지, 부족한 세수를 확보하려는 것인지 의심을 가질 수 있습니다. 그래서 관련 법을 만든 분도 이건 좀 너무하다 싶었는지, 농지보전부담금 계산 시 상한선을 설정해 두었습니다. 공시지가×0.3 금액이 50,000을 넘으면, 50,000으로 계산하고 면적을 곱합니다. 즉, 공시지가가 1,000만 원인 농지라면 10,000,000×0.3=3,000,000이니 상한선인 5만 원을 넘었습니다. 그러면 5만 원에 면적인 2,000을 곱하면 1억 원이 됩니다. 따라서 이 농지를 개발할 시 농지보전부담금은 60억 원이 아니라 1억 원입니다. 1억도 큰돈인 것은 맞습니다만 60억처럼 비현실적인 수준은 아닙니다.

다음으로 '임야'는 농지가 아니므로 농지보전부담금은 납부하지 않아도 되지만, 대체산림자원조성비를 납부해야 개발이 가능합니다. 왜 그럴까요? 임야, 즉 산은 인간에게 좋은 공기와 휴양처를 제공할 뿐 아니라 수많은 동·식물의 생활터전이기도 합니다. 이처럼 소중한 자연자원인 산을 개발하기 쉽게 놔둔다면 벌써 우리나라의 수많은 명산과 이름 없는 산들은 여기저기 파헤쳐져 있었을 것입니다. 그렇게 되지 않도록 개발행위허가가 시

대체산림자원조성비라는 것을 납부하게 한 것입니다. 즉, 개발해서 훼손되는 임야만큼 다른 산림을 조성하거나 관리하는 비용을 개발자에게 부담시키는 것이죠. 계산방법은 매년 산림청에서 고시하는 대체산림자원조성비단가에 공시지가의 1%를 더하고 거기에 면적을 곱하면 됩니다.

대체산림자원조성비=(대체산림자원조성비단가+공시지가의 1%)×면적(㎡)

대체산림자원조성비단가는 산지의 종류에 따라 다른데 준보전산지, 보전산지와 산지전용·일시사용제한로 구분되고 토지이용계획원상에 표시되어 있습니다. 2022년도 기준 준보전산지는 6,790원/㎡입니다. 예를 들어 공시지가 10만 원이고, 면적이 2,000㎡인 준보전산지의 대체산림자원조성비는 (6,790+100,000×1%)×2,000=15,580,000입니다. 앞서 같은 조건 농지의 농지보전부담금이 6천만 원이었던 것에 비하면 상대적으로 저렴해 보입니다. 일반적으로 같은 조건이라면 농지보다는 임야가 좋습니다. 어느 날 땅을 보러 갔을 때, 눈으로 보기에는 평탄화된 밭처럼 보이는데 지목이 임야라면 속으로 쾌재를 불러야 합니다. 수천~수억 저렴하게 개발을 할 수 있기 때문입니다. 마지막으로 목장용지가 있습니다. 평소에는 보기 힘든 지목인데, 쉽게 생각해서 제주도 말 목장이나 강원도의 양 떼 목장을 떠올리시면 됩니다. 목장용지도 앞서 설명한 농지나 임야처럼 개발하려면 나라에 일정한 세금을 내야 합니다. 목장은 법률에서 초지라고 합니다. 풀이 나있는 땅이라는 의미죠. 말이나 양들이 뜯어먹을 수 있는 풀들이 많이 나있는 토지를 떠올리시면 됩니다. 그래서 목장용지를 개발하면 대체초지조성비를 납부하는 것입니다. 단어 그대로 개발을 통해 훼손한 초지만큼 다른 초지를 조성할 비용을 내라는 의미죠. 계산방법은 가장 간단합니다. 초지조성단가×면적(㎡)입니다. 초지조성단가는 농림축산식품부에 고시가 되어있으니, 홈페이지에서 참고하시면 됩니다. 초지는 경운초지, 불경운초지, 임간초지로 나눠지고 초지조성단가가 다르니 유의하시기 바랍니다. 다만 보통의 경우에는 목장용지를 볼 일이 거의 없어서 실무적으로 접하기는 어려울 것입니다. 지금까지 말씀드린 지목 5가지만 현황이 어찌 되었든 개발행위허가를 받으려면 세금을 납부해야 한다는 사실만 알고 계셔도 도움이 될 것입니다. 만약에 토지를 보러 가서 2개의 땅을 보았는데, 하나는 지목이 전이고 다른 하나는 지목이 잡종지라고 합시다. 다른 조건이 모두 같다면 되도록 잡종지를 사는 것이 올바른 선택입니다. 추후 건물을 짓거나 다른 용도로 사용할 시에 세금을 안 내도 되기 때문입니다. 지금까지 지목의 개념과 토지개발 관점에서 중요한 세금에 대해서 알아보았고요. 지목과 관련하여 많은 분들에게 질문을 받은 것 중 몇 가지 소개하겠습니다.

Q. 한 개의 필지에 두 개의 지목이 가능한가요?

A. 예를 들어 한 개의 지번인 토지에 한쪽에는 집이 지어져 있고, 다른 한쪽은 텃밭으로 쓰고 있다면 집 지어진 쪽은 지번이 대지이고, 텃밭은 지번이 전일까요? 답은, '아니오.'입니다. 하나의 필지에는 한 개의 지목만 가능합니다. 앞서 말씀드렸듯이 현황과 지목은 항상 일치하는 것이 아닙니다. 그럼 집과 텃밭이 같이 있는 필지의 지목은 무엇이어야 할까요? 일반적으로는 대지여야 합니다. 지목은 토지의 '주된' 용도를 가리키기 때문에 텃밭은 집의 부속 용도로 볼 수 있어, 해당 토지는 주거지가 그 주목적이라고 할 수 있습니다.

Q. 서로 붙어있는 2개의 필지가 있는데 지목이 서로 다릅니다. 합병이 되나요?

A. 합병은 2개 이상의 토지를 합쳐서 하나의 지번을 가진 하나의 필지가 됩니다. 하나의 필지는 하나의 지목만을 가질 수 있습니다. 따라서

서로 다른 지목의 토지는 합병이 불가능합니다. 다만 지목을 통일시켜서, 즉 모든 토지의 주된 용도를 같게 만든다면 합병이 가능합니다.

Q. 농지에 건물을 지으려고 합니다. 지목을 바꿔야 건물을 지을 수 있는 건가요?

A. 지목을 변경하려면 그 토지의 주된 용도가 바뀌어야 하는데, 이는 적법하게 지자체의 허가를 받아서 건물을 짓고, 그 건물이 해당 용도로 사용해도 된다는 사용승인을 받아야만 해당 토지의 주된 용도가 바뀌었다고 판단을 해서 지목을 바꿀 수 있습니다. 따라서 건물을 지을 수 있는 허가를 득한 후에 건물을 짓고 준공을 받으면 지목이 바뀌는 것입니다.

라. 눈에 보이는 것이 전부가 아니다- 도로

토지에 있어서 도로는 아무리 강조해도 지나치지 않은 것 같습니다. 토지를 공부하지 않은 분들도 맹지, 즉 도로가 없는 토지인 맹지는 안 좋은 토지이고, 매수해야 하지 말아야 하는 토지입니다. 그래서 맹지를 검색하면 연관검색어로 탈출이라는 단어가 검색되는가 봅니다. 따라서 토지를 사려면 되도록 도로가 있는 토지를 사야 합니다. 그런데 이 도로도 진짜 도로가 있고 가짜 도로가 있습니다. 도로를 넓게 해석하면 인도, 차도, 오솔길, 마을길, 산길, 다리, 터널, 아파트 단지 내 도로 등 우리 주변에서 길처럼 보이는 모든 것을 의미합니다. 다만 토지개발 측면에서 도로를 좁게 해석하면 개발을 가능하게 해주는 도로만 진짜 도로라고 할 수 있습니다. 그 외에는 가짜 도로나 마찬가지입니다. 길에 붙어있는 토지라도 그 도로가 가짜 도로라면 맹지처럼 개발이 불가능합니다. 그래서 맹지를 토지개발 관점에서 다시 정의하면 길이 없는 토지가 아닌 개발을 가능하게 해주는 도로가 없는 토지입니다. 토지개발의 목적은 대부분 건물을 짓는 것입니다. 따라서 토지개발을 가능하게 해주는 도로란 건물을 지을 수 있는 조건의 도로여야 하기 때문에 「건축법」에 따릅니다. 「건축법」에 도로란 "보행과 자동차 통행이 가능한 너비 4미터 이상의 도로로서 「도로법」 도로, 「사도법」 도로, 시장·군수·구청장이 위치를 지정 공고한 도로와 그 예정 도로"로 정의하고 있습니다.

하나씩 쉽게 풀어드리겠습니다. 우선 보행과 자동차 통행이 왜 가능해야 할까요? 오래된 시골 마을들을 보면 도로가 딱히 없어도 집이 곳곳에 지어져 있습니다. 어떤 지역은 산골짜기에도 집이 있는 것을 심심치 않게 볼 수 있습니다. 한반도에 사람이 집을 짓고 살기 시작한 것은 수천 년도 전인데, 당시에는 법률이나 규정이 지금처럼 구체화되어 있지 않았죠. 어느 날 산골짜기 마을에 어떤 집에서 불이 납니다. 그것도 하필이면 마을 가장 안쪽에 위치한 집에서 화재가 발생했습니다. 여러분이라면 불이 나면 어디에 가장 먼저 연락하죠? 네, 맞습니다. 119! 연락받은 소방차는 사이렌을 울리면서 화재가 난 집으로 향해 오기 시작합니다. 그런데 이걸 어쩌나요. 도로가 충분하게 확보되지 않은 곳이라 소방차가 진입을 못 하는 겁니다. 우리나라 소방대원분들은 직업정신이 투철하신 분들이니 이대로 물러날 수 없죠. 마을 어귀에 소방차를 세우고, 호스를 들고 화재 난 곳으로 뛰어가실 것입니다. 무거운 소방복을 입고 오르막길을 한참 뛰어도 아직 도착하지 못합니다. 그러다 호스 길이가 짧아서 더 이상 나아갈 수 없는 상황이 됩니다. 결국 안타깝게도 그 집은 홀라당 타서 재가 되었습니다. 과장된 이야기이지만, 이런 가슴 아픈 일이 발생하는 것을 방지하기 위해서 「건축법」상 도로라는 개념이 등장합니다. 적어도 불이 났을 때 소방차가 건물 앞까지 와서 화재를 진압할 수 있게 하려면 자동차 통행이 가능한 도로가 건물 앞에 있어야 한다는 겁니다. 현대를 살아가는 대다수의 분들은 당연히 소방차가 우리 집에 난 불을 빠르게 꺼주기를 기대하고 있기 때문이죠. 그래서 「건축법」상 도로에는 소방차가 진입할 수 있는 '자동차 통행'이 가능하다는 조건이 붙는 겁니다.

그러면 4미터 조건은 왜 있을까요? 일반 승용차야 2미터 이상이면 통행에는 문제가 없을 겁니다. 하지만 소방차는 큰 대형트럭입니다. 적어도 4미터 정도는 되어야 빠르게 달려갈 수 있겠죠. 그래서 4미터라는 조건이 붙는 겁니다. 마지막 조건인 '보행', 건물이 있으면 사람이 들락날락할 수 있어야 하니 상식적인 조건일 겁니다. 자동차 통행이 가능한 4미터 이상의 도로라면 사람이 보행하는 데도 문제가 없을 것입니다. 다만 이 부분에 대해서는 좀 더 정확하게 이해하고 있어야 합니다. 예를 들어 우리 집에 불이 났다고 생각해 보십시오. 그 상황에서 집과 함께 운명을 같이하겠다고 생각하시는 분은 거의 없을 것입니다. 일단 불을 피해서 밖으로 뛰쳐나가겠죠. 그런데 우리 집 대문 앞이 바로 4차선 고속도로라면 어떨까요? 불 피해서 도망 나왔다가 100km로 지나가는 차에 치일 수도 있습니다. '보행'이라는 조건에는 앞에 '안전한'이라는 수식어가 숨겨져 있다고 생각하시면 됩니다. 즉, 화재나 비상상황에서 안전하게 대피하기 위한 보행로로서 도로여야 합니다. 고속도로는 안전한 보행로라고 하기는 어렵겠죠. 그래서 자동차전용도로나 터널, 다리 등도 「건축법」상 도로가 아닌 것입니다. 「건축법」상 도로 관련하여 많은 분들에게 질문을 받은 것 중 몇 가지 소개하겠습니다.

Q. 「건축법」상 도로가 자동차 통행이 가능한 4미터 이상의 도로라고 하는데, 어디서부터 어디까지 4미터 도로여야 하나요?

A. 앞에 설명한 내용을 잘 이해하셨다면 쉽게 답할 수 있을 것입니다. 자동차 통행과 4미터 폭의 조건은 화재 같은 비상상황 시에 소방차

등이 올 수 있는 진입로로 확보하라는 의미입니다. 쉽게 생각하면 소방서에서부터 우리 집 앞까지 쭉 4미터 이상이어야 집에 불이 났을 때 소방차가 우리 집 앞까지 올 수 있겠죠. 중간에 도로가 2미터 폭밖에 안 되는 구간이 있다면 「건축법」상 도로가 아닐 것입니다. 그렇다고 소방서부터 그 토지까지 4미터인지 다 확인할 필요는 없고요. 가장 가까운 국도나 시도, 구도 등 자동차 길에서부터 해당 토지 사이의 길이 전부 4미터 폭 이상이면 된다는 것입니다.

Q. 외곽에 부모님 지내실 자그마한 집 하나 지으려고 합니다. 꼭 「건축법상」 도로가 확보되어야 하나요?

A. 원칙적으로는 「건축법」상 도로가 확보되어야 합니다. 다만 외곽이나 시골 지역에서 4미터 도로를 확보하는 것이 쉽지는 않습니다. 한반도에 사람이 거주한 게 된 건 수천 년도 전이지만 「건축법」은 만들어진 지 100년도 안 되었기 때문에 아직 전국의 모든 길이 다 정비된 게 아니기 때문입니다. 이런 현실을 고려해서인지 「건축법」에도 예외를 두었습니다. 비도시지역의 면 지역에서는 4미터 도로가 확보되지 않아도 허가권자의 판단에 허가를 내줄 수 있습니다. 비도시지역의 정의에 대해서는 추후에 설명해 드리겠습니다. 일단 해당 토지의 주소가 '00면'이면 4미터 도로가 확보되지 않아도 가능할 것으로 보이나 상세 내용은 지자체 담당자에게 문의해 보시면 될 것입니다.

Q. 땅을 보러 갔는데, 토지 앞에는 길이 없습니다. 그런데 부동산 말로는 이 앞으로 길이 날 예정이라서 허가받는 데는 문제가 없으니 사도 된다고 하는데, 사실일까요?

A. 「건축법」상 도로의 규정을 그 예정 도로가 보행과 자동차 통행이 가능한 도로가 될 것이라면 「건축법」상 도로로 인정해 준다고 되어있

습니다. 따라서 허가는 나올 수 있습니다. 그러나 문제는 집을 지어도 사용할 수가 없을 수 있습니다. 우리나라에서는 건물을 짓고 나서 지 자체로부터 건물사용승인이라는 것을 득해야 합니다. 그렇지 않으면 멀쩡하게 다 지어놓은 집이라도 들어가 살 수 없습니다. 예정 도로로 는 「건축법」에 명시는 되어있으니 허가는 가능하지만, 건축물의 사 용승인까지는 나지 않습니다. 황당하겠지만 제가 앞서 설명해 드린 대로 「건축법」상 도로의 근본 취지는 화재나 재난 발생 시 대피로와 긴급차량의 진입로 확보입니다. 예정 도로는 계획은 되어있으나 아 직은 실존하는 도로가 없기 때문에 안전한 대피로나 진입로의 역할 을 할 수 없습니다. 따라서 예정 도로가 있다는 말만 믿고 토지를 사 신다면 큰 낭패를 볼 수 있으니 주의하시기 바랍니다. 또한 예정 도 로는 대부분 계획만 되어있을 뿐 언제 도로가 만들어질지는 알 수가 없고, 최악의 경우에는 그 계획이 무산되는 경우도 있습니다. 그때 가 서 후회해 봐야 늦습니다. 예정 도로 중에 이미 사업이 결정되어서 공사가 한참 진행 중인 경우라면 다시 취소되는 경우는 드물기 때문 에, 그 정도 상황이라면 매입을 고려해 볼 수도 있습니다.

마. 눈에 보이는 것이 전부가 아니다- 용도지역

용도지역은 "토지의 이용이나 건축물의 용도·건폐율·용적률·높이 등을 제한함으로써 토지를 경제적·효율적으로 이용하고 공공복리의 증진을 도모하기 위해 서로 중복되지 않게 도시관리계획으로 결정하는 지역"이 라고 정의되어 있습니다. 저는 이 문장에서 '제한'이라는 글자에 방점이 찍 혀있다고 생각합니다. 즉, 용도지역의 종류에 따라 개발이나 건축하는 행위가 제한됩니다. 예를 들어 어떤 용도지역들은 아파트를 지을 수 없고, 또 다른 용도지역은 공장 건축행위가 제한되기도 합니다. 따라서 목적에 맞는 용도지역의 토지를 매입하는 것은 중요합니다. 그런데 이 용도지역은 눈으로만 구분하기가 매우 어렵습니다. 토지에 용도지역별로 선이 그어져 있는 것도 아니고, 토지의 경계와 용도지역의 경계가 일치하지 않는 경우도 많기 때문입니다. [그림5]처럼 연결된 같은 토지처럼 보이지만 눈에는 보이지 않는 용도지역의 선이 존재합니다. 눈에 보이지 않는 용도지역은 지적도를 떼보면 확인이 가능합니다. 다행히 요즘에는 기술이 발전하여 흔히들 사용하는 카카오 맵이나 네이버 지도 또는 토지이용계획학인원 앱에서도 확인할 수 있습니다.

[그림5]

용도지역은 한 번 정해지면 바꾸는 것은 매우 어렵습니다. 개인의 힘으로는 불가능하다고 볼 수 있습니다. 마치 온라인 게임에서 캐릭터의 직업을 한 번 정하면 습득할 수 있는 기술이나 게임진행 방향이 거의 결정되는 것과 유사합니다. 전사를 선택했다면 대부분 칼과 방패 같은 것을 들고 근접전투를 치르는 게임이 되고, 레인저를 고르면 활이나 창 등으로 원

거리에서 몬스터를 잡아가는 전술을 펼쳐야 합니다. 마법사는 체력이나 방어력이 약하므로 전사의 뒤에서 강력하고 광범위한 마법 공격으로 빠르게 적들을 설명하는 전략으로 진행하고, 치료사는 다른 캐릭터들의 생명력을 복원시키거나 버프를 걸어서 능력을 향상시키는 역할을 해야 합니다. 사람마다 본인의 취향이나 목적에 맞는 직업을 선택해서 게임을 진행하듯이, 토지를 고를 때도 자기의 계획에 적합한 용도지역을 알아야 합니다. 단기투자가 목적인지, 장기로 묻어두었다가 훗날 크게 될 땅을 투자하는 것이 목적인지 또는 실수요 측면에서 본인이 직접 공장, 창고, 상가 또는 다가구 등을 지어서 활용하려는 지에 따라 매수해야 할 용도지역들이 결정됩니다. 용도지역을 모르고 눈에 보이는 현황만 가지고 매입했다가 뒤늦게 알고 후회해 봤자 아무 소용 없습니다. 매도인에게 사정한다고 다시 되사가라고 할 수도 없는 것이고, 지자체에 아무리 얘기해 봐야 바꿔주는 것이 아니니까요. 다행히 앞서 말씀드린 것처럼 토지이용계획확인원만 확인하면 전국의 어느 토지이든 용도지역을 확인할 수 있습니다. 우리나라 용도지역은 크게 2가지로 분류할 수 있습니다. 첫 번째는 도시지역이고, 두 번째는 도지지역이 아닌 비도시지역입니다.

　도시지역은 [그림6]처럼 우리가 흔히 도시하면 떠오르는 풍경들, 대규모 아파트 단지들, 우뚝 솟은 빌딩들, 차량 통행이 잦은 도로, 수많은 사람이 있는 곳입니다. 대부분은 눈으로만 봐도 도시지역인지 아닌지를 판단할 수 있습니다. 다만 항상 그런 것은 아니고, 또 행정구역상으로 '00시'라고 되어있다고 모두 도시지역은 아니니 주의해야 합니다. [그림7]은 보기에는 도시지역이라고 생각하기 어렵지만, 실제 용도지역은 도시지역에 속합니다. 다음으로 비도시지역은 도시가 아닌 지역인데, 그렇다고 시골이라고 생각하시면 안 되고 상대적으로 도시지역보다는 덜 번화한 지역부터 정말 시골까지를 모두 포함합니다. [그림8], [그림9] 모두 비도시지역의 모습입니다.

[그림6]

[그림7]

　이처럼 용도지역도 눈으로만 판단할 수 없기 때문에 꼭 확인하는 습관을 들여야 합니다. 일반적으로 도시지역과 비도시지역은 [그림10]처럼 비도시지역이 도시지역을 둘러싸고 있는 모습을 띠고 있습니다. 참고로 [그림10] 지도는 토지를 공부하시다 보면 자주 보게 될 용도지역을 색깔로 표현한 것이니 알아두시면 좋습니다. 스마트폰의 각종 지도 어플에서도 대부분 지원되는 기능입니다.

[그림8]

[그림9]

　그럼 먼저 도시지역부터 알아보겠습니다. 도시지역을 세분화하면 주거
지역, 상업지역, 공업지역, 녹지지역이 있습니다. 비도시지역이라고 해서
주거지가 없는 것도 아닌데, 도시지역에 주거지역이라는 용도지역이 별도
로 있는 이유는 도시가 생겨서 사람들이 비도시지역에서 도시지역으로
몰리다 보면 집이 부족하기 때문에 우후죽순 주택가가 생겨날 수 있습니
다. 이를 좀 더 계획적으로 주택지가 형성되도록 하기 위해서 주거지역이
라는 용도지역을 정하여 도시를 좀 더 정돈되게 한 것입니다. 대표적인 주
거지역은 우리 주변에서 흔히 볼 수 있는 아파트 단지나 단독주택들이 밀

집되어 있는 것을 볼 수 있습니다. 주소지가 시이냐 읍이냐와 상관없이 고층아파트가 있다면 '도시지역의 주거지역이겠군.' 하고 어느 정도 유추할 수 있습니다.

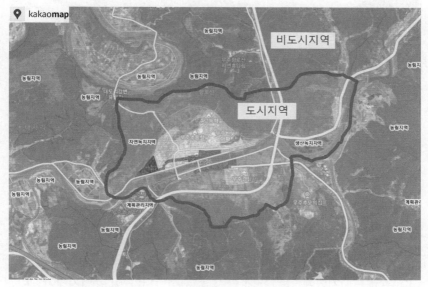

[그림10]

그다음에 상업지역이 있습니다. 도시가 생기고 수많은 사람들이 몰려오면 먹고, 마시고, 즐기고, 소비할 수 있는 시설들이 점차 필요해집니다. 밤늦게까지 화려한 불빛과 소음이 많은 시설이라 주거지와 섞여있으면 시민들이 불편할 수 있으니 별도로 상업지역이라는 용도지역을 만들어서 상가시설들을 밀집시켜 둡니다. 그래서 신도시에 가보면 아파트 단지와 길을 사이에 두고 상가빌딩들이 모여있는 것을 많이 볼 수 있습니다. [그림12]가 대표적인 상업지의 모습입니다.

[그림12]

　그다음으로 공업지역이 있습니다. 여기서 의문을 가지시는 분이 있을 것 같습니다. 도시에 웬 공장? 요즘은 도시에서 공장을 찾아보기가 어렵습니다. 매연이 나오니 혐오시설이라고 점차 외곽으로 밀려나서 최근에는 오히려 비도시지역에 공장이 더 많이 있습니다. 요즘 상황을 보면 공업지역은 비도시지역에 있는 것이 맞지 않나 싶습니다. 이 공업지역이 왜 도시지역에 속하는지는 용도지역이라는 법률상 용어가 만들어진 시점으로 거슬러 올라가서 생각해 보아야 합니다. 용도지역은 1960년대 산업화 과정에서 만들어집니다. 도시가 만들어지고 산업이 발전하던 시기였죠. 당시에 도시에서 일자리 하면 무엇이 있었을까요? 신발공장, 가방공장 같은 것이 도시의 대표적인 일터였습니다. 공업은 우리나라의 핵심 경제성장 동력이었고, 이런 많은 공장과 이 안에서 열심히 일하시는 우리나라 어머니, 아버지의 모습들은 대한민국의 자랑거리였습니다. 즉, 도시에 공장들이 많은 것은 당시에는 너무나 당연한 것이었습니다. '한강의 기적'이라는 말처럼 대한민국의 제1 도시 서울에도 공장이 많았습니다. 요즘은 이름이 구로디지털단지인, 구로공단이 대표적이죠. 그때의 개념이 현재까지 이어져 오고 있는 것입니다. 현 실정에 맞추어서 용도지역을 바꿔야 할 것 같긴 하지만, 변경에 따른 파급효과를 고려하면 단시일 내는 어려울 것 같습니다.

이렇게 공업지역이 왜 도시지역에 있는지 알아보았고, 마지막으로 녹지지역이 있습니다. 녹지지역이라고 해서 공원 같은 것을 생각하시면 오해입니다. 녹지지역은 도시지역 중 주거지역, 상업지역, 공업지역을 제외한 모든 지역이고, 대부분 도시지역의 외곽 쪽에 있어서 비도시지역과 접해 있습니다. 그래서 언뜻 보기에는 비도시지역과 차이가 없는 논, 밭, 임야의 비율이 높은 곳이기도 합니다. 그러면 굳이 녹지지역을 왜 만들었을까요? 그건 추후 도시의 확장으로 주거지, 상업지, 공업지로 만들 곳을 미리 지정해 두려는 목적이 큽니다. 쉽게 말해 국가에서 찜해 둔 것이라고 보시면 됩니다. 그래서 녹지지역은 외곽이라는 것도 있지만, 나중에 나라에서 정책에 맞게 활용을 해야 하니 행위제한이라는 것을 강하게 걸어서 건축물을 짓거나 토지개발을 되도록 못 하게 하는 것입니다. 예를 들어 나라에서 신도시를 만들려고 녹지지역들을 물색해 보았는데, 이미 많은 시민들이 곳곳에 크고 작은 건물들을 지어두었다면 신도시 후보지를 찾는 것도 어려울 뿐 아니라 혹시라도 수용해야 한다면 수용보상 비용이 너무 많이 들어서 정책을 실행할 수 없을 것입니다. 녹지지역이 덜 개발된 것은 이런 정책적인 영향도 일부 있습니다. 하지만 도시의 팽창과 수요를 정부에서 빠르게 대응하기에는 어려움이 많았던 것 같습니다. 정부 재정의 한계도 있고, 결정 과정과 진행 속도도 상대적으로 느릴 수밖에 없고요. 그래서 녹지지역을 세분화해서 일부 지역을 민간이 개발하기 좀 더 용이하게 풀어줄 필요성이 있었습니다. 이 이유로 녹지지역은 자연녹지, 생산녹지, 보전녹지로 나뉩니다. 일반적으로 생산녹지와 보전녹지는 개발 제한을 더 강하게 걸어두어 추후에 정부에서 개발을 진행할 곳이고, 자연녹지는 상대적으로 제한을 덜 두어서 민간이 개발이 좀 더 용이한 곳입니다.

이렇게 도시지역의 용도지역인 주거지역, 상업지역, 공업지역, 녹지지역을 알아보았습니다. 각 용도지역의 특징을 말씀드린 이유는 토지투자나 개발의 목적에 따라 매수해야 할 토지를 어느 정도 결정할 수 있기 때문입니다. 주거지역, 상업지역, 공업지역은 개발이 용이하나 주변 여건이나 수요도 좋아서 지가가 비싼 편입니다. 투자금이 많이 들더라도 수요가 좋은 만큼 빠른 회수나 임대 수익을 얻는 전략이 적합한 곳입니다. 그럼 녹지지역은 어떨까요? 상대적으로 도시지역의 다른 용도지역인 주거지, 상업지, 공업지에 비해서는 사람들의 왕래나 접근성은 조금 떨어집니다. 녹지지역 중에서도 생산녹지와 보전녹지는 특히 조심해야 합니다. 생산녹지는 농지법 제한이 걸려있는 경우가 많아서 개발이 안 될 수도 있으며, 보전녹지는 명칭에서 느껴지는 것처럼 보전해야 하는 지역이기 때문에 개발허가를 받기가 매우 어렵습니다. 나아가 보전녹지와 생산녹지는 추후 정부에서 대규모 택지개발사업이나 신도시 건설을 위해서 남겨둔 곳이기도 합니다. 쉽게 말해 정부가 '내가 쓸 거야.'라고 찜해 둔 곳입니다. 그래서 생산녹지와 보전녹지를 매수한다면 긴 호흡을 가지고 실 수요자가 아니라면 정부의 정책 방향과 발표에 예의주시를 해야 할 것입니다. 즉, 장기투자의 성격이 강한 곳이라는 의미입니다.

그러면 자연녹지는 어떨까요? 다른 녹지지역에 비해서 상대적으로 개발을 제한하는 부분이 적고, 주거지역, 상업지, 공업지에 정도까지는 아니지만 수요가 충분히 있는 곳입니다. 또한 지가가 상대적으로 저렴하기 때문에, 좋은 입지와 기반시설을 갖춘 토지를 고른다면 적은 비용으로 단기간에 수익을 맛볼 수 있는 곳이기도 합니다. 그래서 의외로 자연녹지에서 토지개발을 통해서 많은 이득을 버는 분들이 계십니다. 이제까지 도시지역의 용도지역에 대해 말씀드렸고, 비도시지역의 용도지역을 알아보겠습니다.

비도시지역은 관리지역, 농림지역, 자연환경보전지역으로 나뉩니다. 자연환경보전지역은 글자에서 풍기는 느낌에서 알 수 있듯이 자연환경을 아름다운 그 모습 그대로 보전하기 위해 지정한 지역입니다. 실제로도 가 보면 빼어난 풍광이 보이거나 울창한 숲으로 둘러쌓인 산들이 많이 있습니다. 민간은 말할 것도 없고, 정부도 자연과 관련된 특정한 목적이 있지 않은 이상 쉽게 개발을 하지도 않고, 할 수도 없는 곳입니다. 즉, 이 지역은 특별한 이유가 없다면 세대를 건너뛰어야 할 정도의 초장기 투자를 생각해야 합니다.

다음으로 농림지역은 해석하면 농지가 숲을 이룬 지역입니다. 어렸을 때 역사책에서 보았던 평야를 떠올리시면 됩니다. 칼로 자른 듯한 농지들이 바둑판 형태로 드넓게 펼쳐진 곳이죠. 이곳은 농사짓는 용도로 지정한 지역이기 때문에 정부정책이 아니면 개발도 어렵고, 개발한다 하여도 주변에 수요가 다양하지 않기 때문에 이 지역도 국가주도개발 호재에 따른 투자나 장기투자를 생각해야 하는 곳입니다. 마지막으로 관리지역, 앞에서 보았던 농림지역과 자연환경보전지역은 개발을 지양하는 곳이라면 관리지역은 개발을 체계적으로 관리하는 목적으로 지정한 용도지역입니다. 관리지역은 계획관리, 생산관리, 보전관리로 나뉘는데, 보전관리는 가능한 현 상태로 유지되도록 관리하는 지역이고, 자연환경보전지역과 큰 차이가 없이 주택 정도 짓는 것 외에는 개발이 용이하지 않은 곳입니다. 생산관리는 농·어업생산이 잘되도록 관리하는 지역이라는 의미로 농림지역보다는 개발이 가능한 부분이 있으나 여전히 제약이 많은 곳입니다.

마지막으로 계획관리, 마치 정부에서 '비도시지역에서 개발하려면 이곳에서 하세요.'라고 지정한 것마냥 비도시지역 중에서는 개발 행위의 가능 범위가 넓어서 토지개발을 하는 경우 선호되는 지역입니다. 따라서 일반적으로 비도시지역에서 개발을 통해 단기차익을 보기에 가장 적합한 용도지역입니다. 지금까지 제가 말씀드린 것은 개인적인 견해이며, 토지투자의 방법은 수천 가지가 넘기 때문에 각자의 목적이나 상황에 맞게 투자하시면 됩니다.

그럼, 이제부터는 정부에서 용도지역별 특징을 실현하기 위해 만들어 둔 규제에 대해서 말씀드리겠습니다. 실전투자자분들은 꼭 알아두셔야 할 내용입니다. 용도지역별 특징을 갖게 하기 위해 국가에서 용적률, 건폐율 그리고 행위제한이라는 개념을 만듭니다. 이 두 가지 항목이 용도지역의 차이를 대변하기도 하고 결정한다고 보셔도 무방할 정도입니다. 먼저 용적률과 건폐율은 그 토지에 지을 수 있는 건물의 크기를 제한하는 것입니다. 건물을 크게 지을 수 있다면, 즉 용적률과 건폐율 제한이 적다면 토지를 통해 얻을 수 있는 기대수익이 더 높아 가치가 높은 토지라고 보는 게 일반적입니다.

건물을 크게 짓는 방법에는 두 가지가 있습니다. 높게 짓는 방법과 넓게 짓는 방법입니다. 용적률은 높게 짓는 것을 제한하는 규정이고, 건폐율은 넓게 짓는 것을 제한하는 규정입니다. 용적률을 계산하는 방법은 간단합니다. 건물의 각 층 바닥면적을 모두 더한 다음에 토지의 면적으로 나누고 100%를 곱하면 됩니다. 만약 2층 건물이 있고, 1, 2층의 바닥면적이 각각 50㎡이고, 토지 전체면적이 100㎡이라고 하면 용적률은 '(50㎡+50㎡)/100㎡×100%=100%'가 되는 것입니다. 계획관리지역은 일반적으로 최대 용적률을 100%까지 허용합니다. 즉 100㎡의 토지에 각 층 바닥면적의 합이 최대 100㎡인 가진 건물을 지을 수 있다는 것입니다. 그런데 용적률 규정만 있다면 계획관리지역에서 토지 100㎡인 토지 전체에 1층짜리 100㎡의 건물을 지어서 토지에 빈틈 하나 없이 지을 수도 있을 것입니다. 이것을 방지하기 위해서 건폐율! 즉 넓게 짓는 것을 제한하는 규정을 두었습니다.

건폐율은 글자 느낌대로 건물이 토지를 덮은 비율입니다. 건물의 높이와는 상관이 없이 하늘에서 토지를 내려다보았을 때 건물이 토지를 얼마나 덮고 있냐를 본다고 생각하시면 됩니다. 만약 토지가 100㎡인데 건물이 그 반을 덮었다면 건폐율이 50%이고, 1/4만 덮었다면 건폐율은 25%

인 것입니다. 계획관리지역에서는 일반적으로 건폐율이 40%이니, 100㎡의 토지에는 40㎡까지만 건물이 토지를 차지할 수 있습니다.

계획관리를 기준으로 용적률 100%, 건폐율 40%를 적용해서 100㎡의 토지에 최대한 크게 건물을 지어보면 1층은 40㎡, 2층도 40㎡, 3층은 20㎡인, 각 층 바닥면적의 합은 40㎡+40㎡+20㎡=100㎡인 3층짜리 건물까지 지을 수 있습니다. 생산관리에서는 보통 건폐율 20%, 용적률 80%까지 가능합니다. 즉, 100㎡의 토지에 1층 20㎡, 2층, 20㎡, 3층 20㎡, 4층 20㎡까지 지을 수 있습니다. 비교가 확실하게 될 수 있게 도시지역의 상업지역을 보면 일반 상업지역은 80%의 건폐율 용적률은 800%가 적용됩니다. 100㎡의 상업지역 땅이 있다면 1층 80㎡, 2층 80㎡ … 10층 80㎡짜리 건물을 지을 수 있습니다. 그래서 상업지역에는 고층빌딩이 많습니다. 주변 여건을 떠나서 단순하게 건물층수와 크기 크면 그만큼 월세수익을 많이 기대할 수 있기 때문에 건폐율과 용적률이 높은 용도지역의 토지가 가치가 일반적으로 더 높은 것입니다.

행위제한은 땅에 지을 수 있는 건물의 종류를 결정짓는 규정입니다. A라는 토지는 집도 지을 수 있을 뿐 아니라 상가, 빌딩, 아파트, 공장과 창고 등 건축할 수 있는 건축물의 종류가 다양해서 활용도가 높고, B라는 토지는 주택만 지을 수 있다고 하면 어떤 토지의 가치가 더 높은지 상식적으로 생각할 수 있습니다. 용도가 많다는 것은 그만큼 개발한 땅을 매수해 줄 수 있는 상대방이 다양하다는 것입니다. 수요층이 두텁기 때문에 상대적으로 좋은 가격이나 좀 더 유리한 입장에서 거래가 가능하죠. 용도지역별로 행위제한을 살펴보면, 우선 도시지역은 그 용도에 적합한 모든 건축물이 대부분 허용이 됩니다. 주거지역에서는 집, 아파트, 단독주택, 빌라 및 근린생활시설 대부분이 허용됩니다. 상업지역은 대형빌딩, 백화점 등이 가능하고, 공업지역에서는 공장, 창고 등을 지을 수 있습니다. 수요도 많은 지역인데 행위제한도 적으니 가치가 높을 수밖에 없습니다.

그러나 녹지지역은 상대적으로 행위제한이 많이 있습니다. 아무래도 도시의 확장에 대비하여 유보지나 녹지공간 확보의 성격이 있기 때문입니다. 그중에서 생산녹지, 보전녹지는 행위제한이 더 강한데, 그 이유는 추후 정부에서 개발을 추진할 시 수용에 대한 보상을 토지주들에게 해 줘야 하기 때문입니다. 땅 위에 건축물이 있다면 그 건축물까지 보상을 해 줘야 하기 때문에 천문학적인 재정이 들어갈 수 있으니 제한도 많이 걸어 두고, 지을 수 있는 건축물의 크기도 작습니다. 이에 비해 자연녹지지역은 제약이 적은 편입니다. 우선 건폐율, 용적률을 보면 지역마다 편차는 있으나 일반적으로 자연녹지는 20%/100%이고, 생산녹지는 20%/80%, 보전녹지는 20%/60%입니다. 다른 여건이 모두 같다면 자연녹지가 더 큰 건물을 지을 수 있어서 기대할 수 있는 수익도 더 큽니다.

　행위제한 측면에서도 보면 보전녹지지역에서 건축할 수 있는 건축물은 단독주택이나 농업용 창고, 소매점 정도가 가능하며, 음식점이나 공장 등은 지을 수가 없습니다. 생산녹지의 경우 최근에는 행위제한을 줄이는 추세지만 자연녹지에 비해서는 여전히 많은 편입니다. 단적인 예로 자연녹지는 세차장이나 주차장 같은 시설은 가능하지만, 생산녹지는 안 되는 경우가 많습니다. 이 제한내용들은 비도시지역에도 동일하게 있습니다. 우선 자연환경보전지역을 보면 건폐율/용적률이 20%/50%로 지을 수 있는 건물의 크기가 굉장히 작습니다. 또한 행위제한을 보면 단독주택조차 제한을 두어 농어가주택 정도만 겨우 지을 수 있습니다. 농림지역의 건폐율/용적률은 20%/60%로 자연환경보전지역과 별 차이가 없을 뿐 아니라, 행위제한의 경우에도 큰 차이가 없는 수준입니다. 이제 관리지역으로 넘어가 보겠습니다. 보전관리/생산관리는 각각 20%/60%, 20%/80%의 건폐율/용적률을 적용받아서 조금 나은 수준이지만, 여전히 행위제한은 우리가 비도시지역에서 활용할만한 음식점이나 세차장 등은 건축이 어렵습니다. 그에 반해 회관리지역은 무려 도시지역의 녹지지역이나 비도시지역의 다른 용도지역의 2배인 40%의 건폐율을 적용받고, 용적률도 100%까지 허용이 됩니다.

더욱이 도시지역을 포함한 모든 용도지역과 극명하게 차이 나는 부분이 있습니다. 바로 네거티브 행위제한이라는 것입니다. 다른 용도지역은 포지티브규제라고 해서 지을 수 있는 건축물의 종류를 나열해 주고 그 외에는 전부 불가하는 형식이라면, 네거티브규제라는 것은 지을 수 없는 건축물의 종류를 나열해 두고 그 외에는 모든 것을 다 허용하는 방식입니다. 그만큼 포지티브규제로 하기에는 일일이 나열할 수 없을 정도로 가능한 행위가 많다는 것이고, 웬만한 건축물은 다 지을 수 있으니 비도시지역에서는 계획관리로 가서 개발하라는 뜻이기도 합니다. 그래서 많은 토지개발이나 투자하시는 분들은 계획관리를 선호하는 편이니 참고하시기 바랍니다.

이렇게 각 용도지역의 지정취지를 실현하기 위해서 건폐율, 용적률과 행위제한이라는 것이 토지별로 적용되어 있기 때문에, 아무리 사유재산을 인정해 주는 대한민국이라도 이 규정에 어긋나면 내 토지를 내 마음대로 활용할 수 없습니다. 투자방법 중에 역발상 전략이라는 것이 있다고 합니다. 남들과 반대의 사이클로 투자를 진행해서 큰 수확을 얻는 것인데, 물론 이 방법이 토지투자에도 적용은 가능할 수 있지만, 용도지역의 경우에는 한 번 정해지면 언제 바뀔지 모르는 것이고, 개인이 정부와 상대로 싸워서 이길 확률은 매우 희박하기 때문에 되도록 내가 투자하는 목적과 방향에 맞추어 용도지역을 선택하시기를 권해드립니다.

바. 눈에 보이는 것이 전부가 아니다 - 접도구역

　접도구역이라는 용어는 대부분 처음 듣는 분들이 많이 있을 것입니다. 차를 타고 외곽으로 나가보면 도로 옆에 어렵지 않게 접도구역이라는 표지판이 박혀있지만, 일상생활이나 도로주행과는 관련이 없기 때문에 유의 깊게 보지 않으셨을 겁니다. 접도구역은 토지를 개발하는 사람에게는 굉장히 중요한 개념으로 반드시 알고 계셔야 합니다. 크게 2가지 측면에서 영향이 있습니다. 첫 번째는 접도구역이 있다면 개발을 진행하면서 공사비가 1억 이상이 추가로 들 수 있는 비용 리스크가 있고, 두 번째는 내 토지에 건물을 지을 수 없는 영역이 생기는 것입니다. 상세하게 알아보기 전에 접도구역이라는 개념이 생긴 이유부터 이해할 필요가 있습니다.

　접도라는 의미는 '도로에 접해있다. 딱 붙어있다'는 뜻입니다. 접도구역이라는 개념이 없었던 과거에는 도로에 접해 있는 토지더라도 건축하는 것에 별다른 제한이 없었습니다. 그러다 보니 가시성이나 편의성 등을 이유로 도로에 바짝 붙여서 짓는 경우가 많았습니다. 도로에 너무 가깝게 짓다 보니 크고 작은 문제들이 생기기 시작합니다. 건물들로 인해서 오히려 가시성이 떨어지게 되니 마을 안길과 연결된 도로에서 나오는 차들과의 사고위험도 올라가고, 운전자의 실수나 교통사고로 건물이 훼손되는 경우도 빈번해졌습니다. 또한 미관상으로도 답답하고 보기가 좋지 않습니다. 이런 이유들로 접도구역이라는 것을 지정해서 도로에서 최소한 5미터 이상은 띄워서 건물을 짓게 합니다. 즉 접도구역이 지정된 토지는 도로로부터 5미터 구간은 건축물이 침범하면 안 됩니다.

　이해하기 쉽게 말씀드리면 [그림14]의 첫 번째 그림처럼 접도구역이 없었을 때는 도로에 딱 붙여서 지을 수 있었지만, 접도구역이 [그림14]의 두 번째 그림처럼 지정되면 [그림14의] 마지막 그림처럼 비록 내 토지더라도 접도구역인 5미터를 띄우고 건물을 지어야 하는 것입니다.

[그림14]

　물론 앞에서 말씀드린 대로 건폐율이라는 제약이 있어서 내 토지 전체에 건물을 지을 수는 없습니다. 따라서 조금 찜찜하긴 하지만 5미터 정도 내어주어도 그 외 부분에 건물을 지으면 되니 큰 문제가 없는 경우가 많이 있습니다. 그런데 만약에 내 토지가 [그림15]와 같은 상황이라면 어떨까요?

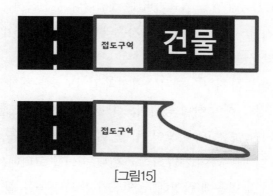

[그림15]

　건물을 짓는다면 도로 쪽에 근접하게 지어야 할 것입니다. 도로에서 멀어질수록 토지의 폭이 너무 좁아서 건물을 앉힐 만한 공간이 나오지 않습니다. 이 토지에 접도구역이 없었다면 다행이나, 안타깝게도 접도구역이 설정되어 있어서 건물을 지을 수 있는 공간이 없습니다. 즉 멀쩡한 도로에 접해있어 맹지도 아닌데, 마치 맹지처럼 건축이 불가능한 토지가 되어버린 것입니다. 따라서 [그림16]처럼 토지이용계획확인원에 접도구역이라는 문구가 있는 토지라면 5미터의 공간을 꼭 고려해서 토지의 모양을 확인하고, 건축물을 지을 수 있는 충분한 면적이 있는지 판단하셔야 합니다.

지역지구등 지정여부		
	다른 법령 등에 따른 지역 · 지구등	가축사육제한구역(전부제한구역)<가축분뇨의 관리 및 이용에 관한 법률>, 비행안전제3구역(전술)(비행안전구역제3구역 해발 140m 이하 협의업무 위탁(2016. 9. 9.))<군사기지 및 군사시설 보호법>, 접도구역(2015-07-29)<도로법> 성장관리권역<수도권정비계획법>

[그림16]

접도구역 관련해서는 또 하나 고려해야 할 내용이 있습니다. 바로 '가·감속 차선'입니다. 접도구역은 대부분 자동차가 빠르게 다니는 도로에 접해 있는 토지에 설정됩니다. 이 도로로 빠르게 달리는 차량과 이 도로에 접한 토지의 건물에 진·출입 하는 자동차와의 교통사고 위험성이 있으니, 교통 흐름에 방해를 주지 않고 도로에서 진출 시 충분하게 속도를 줄일 수 있는 감속차선과 도로로 진입 전 속도를 적절하게 올릴 수 있는 가속차선을 [그림17]처럼 만들 필요가 있는 것입니다. 운전하시는 분들이라면 익숙한 것이지만, 가·감속 차선을 토지주의 비용으로 만들어야 한다는 것은 대부분 모르셨을 겁니다.

가·감속을 충분히 하기 위해서는 차선의 길이도 충분해야 합니다. 그 길이만큼 다 포장을 해야 하니 공사비도 꽤 많이 들어가며, 물가와 지역에 따라 다르겠지만, 보통 1억 이상이 들어갑니다. 따라서 접도구역이 설정되어 있는 토지를 매수하여 개발하려고 한다면 이를 고려해서 가·감속 공사비를 토지개발 비용에 반영해 두거나 가·감속 공사를 회피할 수 있는 방안을 고민해 보셔야 합니다. 접도구역 관련해서 대표적인 질문들 몇 가지 소개해 드리겠습니다.

[그림17]

Q. 접도구역은 모든 도로에 다 있는 건가요?

A. 접도구역은 「도로법」 도로에만 적용됩니다. 우선 토지이용계획원상
에 '도로법'이라고 적혀있으면 대부분 접도구역이 설정되어있을 확률
이 높습니다. 또는 해당 도로가 국토관리사무소에서 관리하는 도로
라면 접도구역이 설정되어 있다고 보시면 됩니다. 같은 도로라도 시
에서 관리하는 경우에는 접도구역이 없다고 보시면 됩니다.

Q. 접도구역이 설정되어 있다면 모두 가·감속 차선공사를 해야 하나요?

A. 원칙적으로는 접도구역이 있다면 가·감속 공사를 해야 합니다. 다
만, 소매점이나 작은 음식점 또는 단독주택처럼 차량 진·출입이 많지
않은 시설에 대해서는 가·감속 차선은 필요하지 않고, 가각만 설치하
면 허가가 나는 경우가 있습니다.

사. 눈에 보이는 것이 전부가 아니다- 배수로

'맹지', 도로가 없는 토지를 의미합니다. 앞에서 다룬 토지개발 측면에서 좀 더 정확하게 정의하면 「건축법」상 도로가 없어서 건축이 불가능한 토지입니다. 토지개발관점에서 맹지를 결정짓는 요소가 하나 더 있습니다. '배수로'입니다. 맹지는 '도로 맹지'와 '배수로 맹지' 2가지가 있습니다. 도로 맹지는 이제 아실 테고, 배수로 맹지는 처음 들어본 분들이 계실 것 같습니다. 대부분 우리가 생활하는 곳에는 대부분 배수시설이 다 되어있기 때문에 신경 쓸 일이 거의 없었습니다만, 논밭인 토지에 건물을 지으려면 배수로도 해결해야 합니다. 만약 배수시설이 안 되어있다면 어떨까요? 샤워, 변기, 설거지 등으로 내 집에서 사용한 물이 빠져 나가지 않고 집에 머물러 있다면 언젠가 넘쳐서 방이 물바다가 될 것입니다. 또는 배수로는 되어 있으나 적절하게 설치하지 않아서 옆집이나 아랫집으로 물이 흘러들어 가게 되는 경우라면 큰돈을 들여서 공사를 해주거나 최악의 경우 소송이 들어올 수도 있습니다. 우리 생활에서 물은 필수이기 때문에 건물을 짓고 사람이 거주하거나, 장사를 하거나, 일을 한다면 사용한 물에 대한 배수시설이 꼭 되어있어야 하고, 배수로 인해서 주변 토지에 피해를 주면 안 됩니다. 따라서 토지개발을 위해서는 배수에 대한 계획을 제출해서 문제가 없다는 것을 설득해야 합니다. 만약 이 계획이 합리적이지 않다면 비록 「건축법」상 도로조건을 만족하는 토지더라도 허가가 나지 않습니다. 도로가 있음에도 배수로가 없어서 허가가 나지 않는 배수로 맹지가 되는 것입니다.

그럼 허가를 받을 수 있는 배수로에는 어떤 것들이 있는지 알아보겠습니다. 배수로의 종류를 크게 인공 배수로와 자연 배수로로 나눌 수 있습니다. 인공 배수로는 사람이 필요에 의해서 만든 배수로를 의미합니다. 가장 대표적인 것이 [그림18]에 있는 맨홀입니다. 맨홀이 내 토지 주변에 있다면 일단 50%는 문제가 없습니다. 나머지 50%는 그 맨홀을 내가 임의로 쓸 수 있느냐 아니냐로 결정됩니다. 그 맨홀이 국유지에 있다면 국가가 세금으로 만들어서 주변 사람들이 사용할 수 있게 만들어 둔 것이니 허가받아 사용하면 그만입니다.

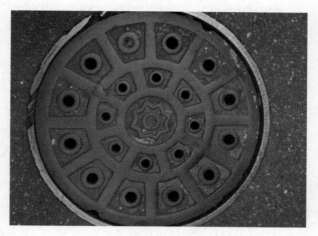

[그림18]

그런데 맨홀이 국유지가 아닌 사유지에 존재한다면 문제가 좀 복잡해집니다. 사유지에 있다는 것은 누군가 개인적인 이유로 사비를 들여서 설치했을 확률이 높습니다. 이 경우에는 다른 사람이 그 배수로를 사용하고자 한다면 보상을 받고 싶어 하는 것이 인지상정이기 때문에 타협을 통해 적정한 비용을 지불해야 할 것입니다. 얼마를 지불해야 할까요? 사유재산이니 정해진 바가 없기 때문에, 사람에 따라서는 돈을 많이 달라고 할 수도 있습니다. 그렇다면 결국 사용하지 못하는 것과 다를 바가 없습니다. 그렇기 때문에 인공 배수로가 내 토지 앞에 있다면 그 토지가 국유지인지 사유지인지를 확인하고 배수로 연결이 가능한지 검토를 하셔야 합니다. 물론 토지를 매입하기 전에 결론 내셔야 합니다. 그렇지 않으면 최악의 경우 맹지! 배수로 맹지를 매입하게 될 수도 있으니까요. 국유지 여부는 배수로가 속한 토지의 등기부등본을 떼보시면 바로 알 수 있습니다.

또는 인근 토목사무실이나 지자체 담당자에게 물어보셔도 금방 확인이 가능합니다. 그다음 배수로의 종류에는 자연 배수로가 있습니다. 대표적인 것이 구거나 하천입니다. 구거는 논이나 밭의 용배수로 쓰이는 흔히 말하는 '또랑'입니다. 인공적인 구거도 존재하나 자연 구거의 경우에는 특히나 조심해야 할 것이 있습니다. 해당 구거나 정말로 배수로 역할을 할 수 있는지를 확인하셔야 합니다. 우선 해당 구거나 배수로가 아닌 주변 논밭에 물을 공급하는 용수로로 쓰이고 있다면 배수로 사용이 불가능합니다. 다른 사람의 건물에서 사용한 화장실 물이나 싱크대 물이 내 논으로 흘러들어오는 것을 개의치 않은 분들은 매우 희박할 테니까요. 그리고 또 주의해야 할 것은 최종 방류지입니다. 배수로의 끝이 다른 사람의 논이나 집터 등이 아니라 구거나 하천 등이어야 합니다. 여기까지 토지개발을 위해 사용 가능한 배수로의 종류에 대해서 알아보았습니다.

그리고 배수로 관련해서 당연하지만 간과하는 부분이 있는데, 배수로의 높이입니다. 물은 위에서 아래로 흐르는 게 자연의 섭리입니다. 내 토지의 물이 흘러 나가려면 배수로가 당연히 내 토지보다 아래에 있어야 하는 것입니다. 내 토지 주위에 맨홀을 발견해서 그곳에 배수로를 연결하면 되겠거니 생각했는데 맨홀이 토지보다 위쪽에 있어서 허가가 나지 않을 수도 있습니다. 연결하여도 배수가 안 되기 때문입니다. 오히려 맨홀의 물이 내 토지에 흘러들어 올 판입니다. 물론 펌프라는 시설을 사용할 수도 있지만, 개발비가 증가될 뿐 아니라 소음으로 인한 불편, 유지보수까지 고려해야 하기 때문에 이렇게 개발된 토지를 매도하는 과정이 순탄치 않을 수 있습니다. 이렇게 내 땅이 맹지, 그중에서 배수로 맹지를 피하는 방법에 대해서 말씀드렸습니다.

Q. 배수로가 접해 있지는 않으나 인근에 있는 경우에 어떻게 연결하면 되나요?

A. 허가를 받으려면 어떻게든 그 배수로에 연결하셔야 합니다. 타인의 토지를 통과해서 연결해야 한다면 그 토지주에게 토지사용승낙서를 받아서 연결하시면 됩니다. 만약 상대 토지주가 거절한다면 멀더라도 다른 곳에 연결하는 것을 알아보셔야 합니다.

아. 앞에서 벌고 뒤에서 잃는다 - 세금 편

부동산 재테크는 세금과의 싸움이라고 해도 과언이 아닙니다. 부동산은 단가가 비싼 상품입니다. 대부분의 세금이 부동산의 가격에 비례하다 보니 내야 할 세금도 수백만에서 수천만 원 단위입니다. 세금에 대해서 매수단계에서부터 고려해서 계획을 잘 세워두면 수천만 원을 아낄 수도 있고, 예상하지 못한 목돈이 갑자기 들어가는 것을 방지할 수 있습니다.

1) 개발행위허가에 따른 국고세금: 부동산을 매입하겠다고 했을 때 가장 먼저 들어가는 세금이 무엇일까요? 아마 대부분 취득세를 떠올리셨을 겁니다. 맞습니다. 부동산을 취득할 때 내는 취득세가 최초로 들어가는 세금일 것입니다. 그런데 토지개발에서는 아닐 수 있습니다. 토지를 매입해서 개발을 진행한다면 취득세가 앞서지만, 토지를 개발행위허가를 받고 매입한다면 취득세보다 개발행위허가에 따른 국고세금이 먼저입니다. 개발행위허가와 이에 따른 지목별 세금의 계산방법과 종류에 대해서는 앞에서 다루었습니다. 여기서는 토지개발을 한다면 취득세와 함께 국고세금이라는 것이 최초에 필요하다는 개념만 이해하시면 됩니다. 따라서 토지 취득 시에 매입가+취득세+국고세금을 미리 준비해 두셔야 하는 것을 기억해 주시기 바랍니다.

2) 취득세: 취득세는 지목에 따라 세율이 다를 수 있습니다. 일반적으로 농지는 대지나 공장용지 등에 비해서 취득세가 저렴하지만, 개발행위 허가를 받고 취득한다면 농지가 아닌 대지와 동일한 취득세를 내야 합니다. 이 정도만 알아두시면 될 것 같습니다.

3) 양도세: 토지뿐 아니라 모든 부동산 투자에서 이 양도세는 정말 중요한 것 같습니다. 때론 양도세를 30~40%까지 납부해야 하는 상황이 되면 국가와 내가 동업자로 수익을 나눠 가지는 듯한 착각이 들기도 합니다. 양도세를 어떻게 합법적으로 줄이느냐가 수익률을 크기를 결정짓는 요소라고도 할 수 있습니다. 일단 양도세의 기본구조를 보면, 누진세입니다. 양도차익이 많을수록 세율이 올라가는 방식입니다. 1,400만 원 이하인 경우 6%에서 시작하여 10억 원을 초과하는 경우 45%의 세율을 적용받습니다. 누진공제라는 것이 있지만 쉽게 이해하기 위해서 1,000만 원을 벌면 60만 원의 세금을 납부하면 되지만, 10억의 양도차익을 보면 4.5억의 세금을 납부해야 합니다. 개인적으로는 가히 징벌적(?) 세금이 아닌가 싶습니다. 또한 보유 기간에 따른 조건도 있습니다. 취득하여 1년 안에 매도하는 경우에는 50%의 세율이고, 1년 이상~2년 미만 보유하여 매도하는 경우에는 40%의 세율이 적용됩니다. 따라서 부동산의 경우에는 일반적으로 2년 이후에 일반과세로 매도합니다.

토지는 다른 부동산과 양도소득세에서 다른 개념이 하나 있습니다. 사업용 토지냐 비사업용 토지냐에 따라 양도세가 달라집니다. 토지가 경제활동에 직접적으로 사용이 되지 않으면 비사업용 토지로 보고, 양도세 중과에 해당되어 10%를 추가로 납부해야 합니다. 즉 보유 기간 2년 후 매도 시 일반과세를 적용받아 양도차익에 따라 6%~45%를 양도세로 납부해야 하는데, 매도하는 토지가 비사업용 토지이면 여기에 10%를 추가하여 16%~55%의 세금을 납부해야 합니다. 다만 2년 미만 단기매도의 경우에는 이 중과세를 적용받지 않는 것이 원칙이지만, 만약 비사업용 토지를 1년 미만에 매도하였는데 양도차익이 10억이라고 하면 보유 기간이 1년 미만이니 원래는 양도세가 50%이나 일반과세를 적용하면 55%입니다. 이 경우에는 보유 기간과 상관없이 더 높은 세금인 55%를 적용받습니다. 따라서 내 토지가 사업용인지 비사업용인지를 판단하는 것과 어떻게 하면 사업용 토지로 만들 수 있는지를 아는 것이 매우 중요합니다.

사업용 토지 관련해서 '32, 53, 60'이 3가지 숫자를 꼭 기억해 주시기 바랍니다. 사업용 토지를 판단하는 기준과 양도세 관점에서 사업용 토지로 인정받느냐는 약간 다른 얘기이기 때문입니다. 어떤 분들은 양도하는 시점에 사업용으로 사용하고 있었으면 되는 것이 아니냐고 생각할 수 있지만, 그 점을 악용할 수 있는 것을 방지하기 위하여 양도세 관점에서 사업용 토지를 판단할 때 기간 기준을 적용합니다. 우선 '32'는 양도일 직전 3년 중 2년 이상을 사업용 토지로 사용하고 있어야 한다는 조건입니다. '53'은 양도일 전 5년 중 3년 이상을 사업용 토지로 사용하고 있어야 하는 조건이고, 마지막으로 '60'은 전체 보유 기간 중 60% 이상을 사업용 토지로 사용하고 있어야 합니다. 이 세 가지 조건 중 하나라도 만족하면 사업용 토지로 인정을 받고 중과세를 면할 수 있습니다.

토지매도를 계획하고 있다면 사업용 토지로 인정받기 위해서 미리부터 준비해야 합니다. 많은 분이 투자 목적으로 농지를 소유하고 있는데, 사업용 토지로 인정받으려면 재촌자경을 해야 합니다. 그러나 대부분 투자용이라 주말 체험 영농으로 보유하고 계신 경우가 많은데, 주말 체험 영농의 경우에는 비사업용 토지로 분류됩니다. 그렇다고 비사업용 토지를 피하기 위해서 까다로운 조건인 재촌자경을 만족할 수도 없기 때문에, 주말 체험 영농의 경우에는 거의 다 비사업용 토지로 보유할 수밖에 없습니다. 물론 아예 방법이 없는 것은 아닙니다. 개발을 통해 건축한다면 사업용 토지로 인정을 받을 수 있습니다. 이는 건축으로 인한 효과와 개발 비용을 종합적으로 고려해서 판단하시면 됩니다.

다음으로 양도세를 줄이기 위해 필요경비라는 개념을 알고 계시면 좋습니다. 양도세를 과세할 때 취득가와 매도가의 차이 금액으로 과세하는 것이 아니라 취득이나 양도과정에서 지출한 돈과 토지의 가치를 증가시키기 위해서 사용한 돈을 차감하여 양도차익을 계산한 후에 양도세를 과세합니다. 즉 '양도차익=매도가취득가'가 아니라, '양도차익=매도가취득가필요경비'입니다. 토지의 필요경비에는 무엇이 있을까요? 다른 부동산과 마찬가지로 중개수수료나 등기비 등은 당연히 포함됩니다. 추가로 토지만의 차별화된 필요경비가 있는데, 토지개발에 들어가는 비용도 필요경비로 인정됩니다. 농지, 임야 등을 개발을 통해 토지의 가치를 증가시킨 것으로 판단하기 때문입니다. 그래서 앞서 말씀드린 농지보전부담금이나 대체산림자원조성비 등이 포함되며, 측량비와 설계비 등이 포함됩니다. 영수증을 꼼꼼하게 챙기셔서 꼭 필요경비로 인정받으셔서 양도세를 줄이시길 바랍니다. 양도세에 대해서 주로 받는 질문들을 소개해 드리겠습니다.

Q. 보유 기간에 따라 양도세가 줄어든다고 하는데 어떤 건가요?

A. 장기보유 특별공제라서 해서 보유 기간이 3년 이상인 경우부터 양도차익에 일정 비율을 곱한 금액만큼 양도차익에서 차감합니다. 보유 기간 3년의 경우 6%부터 시작해서 1년당 2%씩 공제율이 증가해서 최고 15년의 경우 30%까지 공제를 해줍니다. 예를 들어, 취득가가 4천만 원인 토지를 15년간 보유했다가 1억에 양도한다면 양도차익

은 1억 원에서 4천만 원을 뺀 6천만 원이 아니라, 6천만 원에서 30%인 1천 8백만 원을 뺀, 4천 2백만 원이 되는 것입니다.

Q. 올해 2개의 부동산을 매도하였습니다. 양도세 계산은 각각 하면 되는가요?

A. 양도소득세는 한 과세 기간 내에 1월 1일부터 12월 31일까지 발생한 양도차익에 대하여 합산하여 과세합니다. 만약에 2023년 1월 1일 부동산 A를 매도해서 차익을 1억을 얻었고, 2023년 12월 31일 부동산 B를 매도해서 차익을 1억을 얻었다고 하면, 각각 1억을 기준으로 누진세율을 적용하는 것이 아니라 양도차익을 합하여 2억을 기준으로 그에 맞는 누진세율을 적용하게 됩니다. 즉, 더 높은 세율이 부과되는 것입니다. 따라서 특별한 사유가 아니라면 두 개의 부동산을 한 해에 매도하지 않는 것이 좋습니다. 그런데 합산 과세를 이용해서 절세하는 방법도 있습니다. A라는 부동산을 매도하였는데 1억의 손실이 났고, B라는 부동산을 매도하였는데 1억의 이익이 났다면 이를 합해 총 양도차익은 0원이 되기 때문에 납부할 세금은 없게 됩니다. 이를 활용하면 손해를 줄일 수 있습니다.

Q. 저는 법인투자를 고려하고 있습니다. 법인도 양도소득세를 내는 건가요?

A. 법인은 법인세를 내는 것이 원칙입니다. 따라서 법인으로 투자한 토지를 매도하였다면 양도세율을 따르지 않고 법인세율을 따르게 됩니다. 일반적으로 법인세율이 개인의 양도소득세율보다 적기 때문에 법인투자의 경우에 이 부분은 장점이 있는 것입니다.

4) 재산세: 토지 등기부등본을 보유하고 있으면 일 년 중에 한 번 나라에

서 세금 청구서가 날아옵니다. 대표적인 보유세인 재산세입니다. 토지는 종합합산과세 대상, 별도합산과 대상, 분리과세 대상 토지로 나뉘고 그에 따라 세율이 제각각입니다. 토지 자체의 세금은 자체는 그리 크지는 않은 편이나 경우의 수가 많아서 여기서 설명해 드리기에는 적합하지 않은 것 같고, 대표적인 분리과세 대상 토지는 앞서 배운 5개의 원형지 전, 답, 과수원, 임야, 목장용지입니다. 그리고 별도합산과세 대상토지는 건축물의 지어져 있는 토지에 해당합니다. 그 외는 모두 종합합산과세 대상 토지입니다. 그러면 토지개발행위허가만 받은 농지는 어디에 해당할까요? 농지라고 보기에는 이미 토목공사가 어느 정도 진행되어서 아닌 것 같고, 그렇다고 건축물 부속토지로 보기에는 아직 건축물이 지어져 있지 않고, 그래서 이도 저도 아니니 종합합산과세 대상 토지가 되는 것입니다.

그렇다면 토지의 재산세는 언제 누가 내는 것일까요? 경우에 따라 이미 팔아서 내 토지가 아닌데도 재산세를 내야 하는 경우가 있습니다. 왜 이런 경우가 생기느냐 하면 재산세 납부 대상이 결정되는 시기와 실제 재산세를 납부하는 시기가 달라서 그렇습니다. 재산세 납부 대상이 결정되는 것은 매년 6월 1일입니다. 그러나 실제 재산세를 납부하는 것은 9월입니다. 따라서 6월 1일에 잔금까지 다 받아 매도가 완료되었다면 매수인이 재산세를 납부하지만, 6월 1일을 지나서 양도하였다면 비록 재산세를 납부하는 시기인 9월에는 내 소유가 아니더라도 내가 내야 하는 것입니다. 그래서 매도를 한다면 되도록 6월 1일까지는 잔금을 처리하는 것이 좋고, 매수를 한다면 6월 1일 이후에 잔금을 처리하는 것이 좋습니다.

자. 공시지가는 시세와 1도 관련이 없다
- 공시지가 편

토지 관련해서 가장 많이 받는 질문 중 하나가 '가격'입니다. 그만큼 토지는 거래가 많지 않은 부동산이고, 생김새와 조건이 제각각이라 시세라는 것을 알기가 어렵기 때문일 것입니다. 누군가 정찰제처럼 이 토지는 얼마, 저 토지는 얼마 이렇게 정해주면 참 좋겠다는 말씀도 하시는 분들이 계시고요. 그런 분들에게는 공시지가가 어떤 기준이 되지 않을까 하는 희망을 가질 수 있습니다. 나라에서 토지별로 가격을 다 정해두었으니까요. 그러면 공시지가가 과연 토지의 적정가치를 반영하고 있을까요? 제 대답은 '아니오.'입니다. 공시지가는 시세와 거의 관련이 없다고 봐도 무방합니다. 공시지가가 1억인 토지가 10억에 팔릴 수도 있는 것이고, 오히려 공시지가보다 저렴한 5천만 원에도 팔릴 수도 있는 것입니다. 또한 공시지가가 1억인 A 토지와 공시지가가 2억인 B 토지가 있을 때 공시지가가 시세랑 같지는 아니지만, 공시지가가 2배이니 시세도 2배이지 않을까 하시는 분들도 계십니다. 그렇지 않습니다. 공시지가가 2배지만 시세는 10배일 수도 있고, 때론 오히려 공시지가가 높은 B 토지가 시세는 A 토지 대비 반 토막일 수도 있습니다. 따라서 억지로 공시지가와 시세의 연관성을 찾으려 하지 마시고, 공시지가는 시세와 무관하다고 생각하시는 것이 좋습니다. 그렇다면 공시지가는 어디에 쓰일까요? 앞서 말씀드렸듯이 정부에서 세금을 매기기 위한 기준 가격으로 사용됩니다. 대표적인 것이 재산세와 농지보전부담금입니다.

03

토지개발을 통한
토지투자 시 알아야 할 것

　　　　　　앞 2장에서는 토지투자를 시작한다면 꼭 알고 계시
면 좋을 것을 설명해 드렸습니다. 토지개발도 토지투자의 한 가지 방법이
기 때문에 토지개발을 하신다고 하여도 반드시 숙지하시고 계셔야 할 내
용입니다. 이번 장에서는 토지개발을 해보기로 한다면 추가적으로 알아
야 할 중요한 개념과 용어를 다뤄보겠습니다.

가. 토지의 단가를 높이자- 토지분할

　　1+1=2, 당연하게 누구나 알고 있는 덧셈입니다. 하나에 하나를 더하면 둘
이 되고, 둘을 반으로 쪼개면 하나가 두 개 생깁니다. 이 원칙이 토지에는 통
하지 않는 경우가 있습니다. 400평의 토지를 200평씩 두 개로 쪼개면 전체
면적은 200평+200평=400평으로 변함이 없습니다. 다만 가격 측면에서는

달라질 수 있습니다. 마치 도매와 소매의 차이라고 할까요? 같은 물건을 소량으로 살 때보다 대량으로 사면 개당 단가는 저렴해진다는 것은 일반 마트에 가서도 쉽게 경험할 수 있습니다. 토지도 마찬가지입니다. 만약 평당 100만 원인 400평을 200평씩 자른다면 125만 원을 받을 수도 있습니다. 400평이 100만 원이면 4억이고, 200평이 125만 원이면 2.5억씩, 2필지는 5억입니다. 물론 400평이 필요한 사람은 평당 100만 원에 4억을 지불해서 사겠지만, 토지투자에 4억을 쓸 수 있는 사람보다 2.5억을 쓸 수 있는 사람이 더 많을 것입니다. 따라서 토지는 가능한 분할을 해서 매도하는 게 좋습니다. 토지분할이 토지개발의 가장 뼈대가 되는 행위 중 하나인 이유입니다. 분할을 한다고 해서 단순히 면적 기준으로만 쪼개서는 안 됩니다. 중요한 건 분할된 토지들 모두 충분히 제값을 받을 수 있어야 한다는 것입니다.

[그림 19]

가장 극단적인 예로 [그림 19] 가장 왼쪽에 있는 A라는 토지를 나눌 때 가운데 그림처럼 도로를 기준으로 A-1, A-2로 나누는 것이 오른쪽 그림의 A-가, A-나로 나누는 것보다 분할된 2필지 모두 좋은 가격을 받을 수 있는 방법입니다. 다시 강조 드리면 분할의 목적은 더 좋은 가격을 받고 매도를 용이하게 하는 것입니다. 토지분할 관련해서 자주 접했던 질문 몇 가지 소개해 드리겠습니다.

Q. 토지분할도 토지개발인 건가요?

A. 토지분할을 한다고 해서 케이크 자르듯이 현장 가서 땅을 칼로 긋는 것은 아닙니다. 즉 공사를 진행하는 것은 아니고, 측량 후에 도면

에만 분할을 표시하는 것입니다. 다만 법률상 토지분할도 개발행위 허가를 받아야 하는 행위 중 하나입니다.

Q. 제 토지를 분할하는데 왜 이렇게 제약이 많죠?

A. 토지분할도 허가를 받아야 하는 사항인 만큼, 허가를 득하기 위한 조건들이 있습니다. 이유는 무분별한 분할로 토지의 활용가치를 뚝 떨어뜨리는 것을 방지하기 위함입니다. 예를 들어 $1m^2$씩 분할할 수 있다면 그 토지는 활용이 불가능하고 오직 투자나 투기의 목적으로만 활용이 가능하기 때문입니다. 그래서 우선 용도지역별로 최소 분할 면적 기준이 있어서 그 면적 밑으로는 분할을 못 하게 하였습니다. 그리고 과도한 쪼개기 행위를 하는 기획부동산으로 인한 폐해를 막기 위함이기도 합니다. 따라서 합당한 목적과 토지의 활용도를 훼손하지 않는 범위에서 분할이 가능하다고 보시면 됩니다.

나. 도대체 언제 공사할 수 있는 거야?
- 도시계획심의

다른 토지투자의 방식과 다르게 토지개발은 개발행위허가라는 절차가 필요합니다. 글자 그대로 지자체에 허가를 받아야 합니다. 보통 1~2개월 이내면 처리가 완료되는데, 개발하는 토지의 면적과 허가시설의 종류에 따라 수개월이 더 걸릴 수도 있습니다. 그 이유는 면적과 시설에 따라 지자체별로 개발행위허가를 내줄 때 도시계획심의를 받아야 하는 기준이 있기 때문입니다. 너무 큰 시설이 들어오거나 공해나 소음, 교통체증을 유발하는 시설이라면 각계각층의 전문가들이 꼼꼼하게 허가 내용을 들여다봅니다. 혹시라도 주변에 거주하는 분들에게 피해가 덜 가도록 하고, 기존 시설물의 이용에 불편함을 최소화하도록 해야 할 필요성이 있기 때문입니다. 이런 것들을 판단하려면 전문적인 지식도 있어야 하고, 그 지역의 상황에 대해서도 잘 이해하고 있어야 합니다. 따라서 도시계획심의 하는 위원분들의 명단을 보면 각 분야의 전문가이신 도시공학과 교수님, 건축과 교수님, 토목과 교수님들과 지역 이해관계를 잘 알고 계신 시의원, 구의원분들 그리고 행정 쪽 전문가이신 부시장님, 국장님 등의 성함이 있습니다. 바쁘신 분들이 심의하다 보니 서류 검토하고, 심의 일정 잡고 결과가 나오는 데까지 기간이 걸립니다. 또한 전문가분들이 개발계획에 대해서 상세하게 검토하는 만큼 수정, 보완이 필요하다는 결과가 나오면 이로 인해서 기간이 미뤄질 뿐 아니라, 공사비가 더 들어가게 되거나 최악의 경우 허가가 안 나올 수도 있습니다. 따라서 내가 행하고자 하는 개발행위허가가 도시계획 심의 대상인지 꼭 확인해서 대비해야 합니다. 보통 주택, 근생 외에는 대부분 심의 대상입니다. 다만 화성시처럼 주택, 근생이라도 토지 면적에 따라 심의 대상이 되는 경우가 있으니 지자체 조례나 지자체 담당자, 설계 사무소에 문의해 보시고, 심의를 받지 않는 방법이 있는지 고민해 보시기 바랍니다.

다. 토지면적에 따른 주의점 부동산 개발업

만약 내가 가진 토지가 5천제곱미터를 넘어간다면 부동산 개발업 등록을 해야 합니다. 소위 업자만 개발할 수 있는 겁니다. 정확하게는 한 건의 허가면적이 5천 제곱미터 이상이거나 1년에 개발했던 그리고 새롭게 개발하려는 토지의 면적의 합이 1만 제곱미터 이상이면 부동산 개발업

등록 대상이 됩니다. 일반적인 사업자 등록이야 빠르면 10분이면 가능하지만, 부동산 개발업의 경우에는 등록 조건이 더 까다롭습니다. 개인은 영업용 자산평가액이 6억 원 이상, 법인은 자본금이 3억 원 이상 있어야 하며, 공인된 전문인력 2명이 사무실에 상주하고 있어야 합니다. 하루, 이틀 만에 준비할 수 있는 내용이 아닙니다. 부동산 개발업이 생긴 이유는 자금력과 전문성이 부족한 상태로 큰 규모의 개발을 진행하다가 중간에 무산되거나 장기간 지연되는 경우 이로 인한 자연의 파괴와 피해를 보는 사람들이 생길 수 있기 때문입니다. 물론 부동산 개발업 등록을 회피할 수 있는 방법이 아예 없는 것은 아닙니다. 부동산 개발업등록증을 가진 업체와 업무 협약을 맺어서 진행하거나 자가 사용 목적으로 개발행위허가를 신청하는 방법입니다. 물론 이 방법은 난이도가 있는 편이라 충분한 경험을 쌓기 전에는 되도록 5천제곱 이상의 토지는 개발하지 않는 것을 권해드립니다.

라. 개발부담금

우리나라에는 많은 세금 관련된 법들이 존재합니다. 어떤 법들은 때론 국가 행정 입장에서 만들어져서 시민들이 충분하게 이해하지 못하고 있으면 불이익을 받을 수 있습니다. 아마 대표적인 예가 바로 개발부담금이 아닐까 생각합니다. 개발부담금은 「개발이익 환수에 관한 법률」에 근거를 두고 있습니다. 법률 그대로 개발을 통해서 이익이 발생하면 그만큼 세금으로 국가에서 가져간다는 의미입니다. 여기서 이익이라 함은 장부상 이익을 뜻합니다. 즉 개발을 통해 토지의 가치를 높여 매도하고 나서 통장에 실질적으로 이익금이 들어오지 않은 상태라도, 개발을 통해서 토지의 가치가 올라갔다면 그 가치만큼을 개발이익으로 보고 개발부담금을 부과하는 것입니다. 개발 이익에서 개발 비용을 차감한 금액에 무려 25%를 부과하기 때문에 수백에서 수천, 수억이 될 수도 있으니 미리 준비해 두실 필요가 있습니다.

우선 개발부담금을 납부하는 조건에 대해서 알아보면 토지의 주소지와 용도지역에 따라서 면적 기준이 나뉩니다. 도시지역 중 특별시와 광역시는 200평 이상의 토지를 개발하는 경우 개발부담금 대상입니다. 그 밖의 도시지역은 300평 이상의 토지를 개발하는 경우 개발부담금 대상입니다. 비도시지역의 경우에는 500평 이상의 토지를 개발하는 경우 개발부담금 대상입니다.

이 면적 기준에서 혼동을 많이 하시는 부분이 최초 인허가 면적이라는 개념입니다. 개발부담금 대상 면적을 판정할 때 내가 실제로 개발한 면적과 상관없이 허가를 받을 당시 면적이 앞서 말한 용도지역별 기준을 넘어가면 부과 대상인 것입니다. 예를 들어 A라는 사람이 전원생활을 하기 위해서 전원주택부지를 개발하여 분양하는 회사로부터 100평을 매입하였다고 합시다. 비도시지역이라고 가정하면 500평이 넘지 않기 때문에 개발부담금 대상이 아니라고 생각할 것입니다. 그런데 최초 인허가 면적 기준으로 하면 500평이 넘기 때문에 개발부담금 대상이 됩니다. 왜냐하면, 토지를 개발하여 분양하는 회사가 최초에 3,000평만큼 허가를 득하였고, 100평 단위로 토지를 분할하여 개인들에게 매도하였기 때문입니다. 즉 최초의 허가 면적은 3,000평이라 500평이 넘으니 개발부담금 대상이 되었고, 초기 허가 면적에서 3,000평에서 단 1평만 분할해서 사더라도 개발부담금 대상인 것입니다. 꼭 최초의 허가면적을 확인하시고, 개발부담금 납부를 준비하시거나 누가 부담을 할지 협의 또는 허가를 취소하고 다시 받는 등 계획을 수립하셔야 합니다.

개발부담금 주체에 대해서도 의문을 가지시는 분들이 많이 있을 것입니다. 개발부담금이 최초 허가 면적 기준이라면 부담금 납부 대상도 최초 허가받은 자가 내야 하는 것이 흐름상 일리가 있어 보이지 않나요? 하지만 납부대상은 개발을 완료한 시점의 토지 소유주가 내야 합니다. 개발이 완료된 시점은 건축물을 준공 시점이라고 보셔도 무방하니, 건물이 지어졌을 때 토지 등기부 등본에 내 이름이 있다면 내가 내는 것이고, 분양회사의 이름이 있다면 분양회사가 내는 것입니다.

04

마무리

        토지라는 투자물건은 너무나 다양한 활용방법이 있기 때문에 매수하는 사람의 목적, 의도 및 역량 등에 따라 매우 큰 수익을 가져다줄 수도 있고, 보이는 것뿐 아니라 보이지 않는 요인의 영향을 많이 받는 물건이기 때문에 경우에 따라 큰 손해를 볼 수도 있습니다. 따라서 앞에서 설명해 드린 내용을 꼭 읽어보시고, 토지 매입 전에 한 번쯤 생각해 보실 것을 적극적으로 권해드립니다.

3장

01

시작하는 글

올해 40대 중반. 어떻게 보면 새로운 무언가를 시작하기에 늦었다고 생각할 수도 있고, 마인드 강의를 하시는 분들이나 성공한 리더들은 무슨 소리냐 늦었다고 생각할 때가 가장 빠르다며 교과서적인 말씀을 하실 수도 있는 중년의 나이에 토지 공부에 입문했습니다.

아파트 투자, 주식, 비트코인 등 재테크에 관심을 가지고 노동수입 이외 것들에 눈을 뜨기 시작하고 땅을 매수하게 되면서 저의 토지투자 스토리가 시작됩니다. 투자에 눈을 뜨고 여러 가지 투자를 해보았지만, 이 투자라는 것이 막연하게 누구를 따라 해서는 성공할 확률이 희박하더군요. 누구 아빠는 주식으로 수십억을 벌었다고 하고, 옆집 아빠는 비트코인으로 번 돈을 세종시 땅에 투자해서 몇십 배 올랐다고 하고, 누구 엄마는 아파트 갭투자로 웬만한 월급쟁이보다 연 수입이 좋고, 어느 집은 월급보다 다가구 임대수익이 월에 몇백만 원씩 들어온다는 이야기들! 참으로 부럽더군요.

남들은 다들 자기만의 캐시 트리(Cash Tree)를 만들기에 바쁜데 나는 무엇을 하고 있었나? 뒤통수를 한 대 세게 얻어맞은 느낌이었습니다. 그래서 한 가지 깨달은 점이 있었습니다. '많은 사람들이 노동수입 외로 투자를 통해서 돈을 버는구나!', '재테크로 다들 미래를 대비하는구나!', '나도 노동수입만 바라보면 안 되겠다!' 이 일상 속에서 일어날 수 있는 사소한 사건들은 지금까지 저의 경제관념에 대해서 반성하고 다시 바라보게 만드는 중요한 사건이 되었습니다. 그 후 '나는 그럼 이제 어떻게? 어디에 투자해야 되나?'라는 생각으로 이어져 투자처와 투자금에 대해 고민을 하게 되었습니다.

처음에는 남들이 하는 것을 막연하게 따라서 해보기 시작했습니다. 제일 먼저 소형아파트를 매입하여 월세를 돌렸습니다. 매달 월세가 따박따박 입금이 될 것이니 향후 발생할 고정수입에 대한 기대에 부풀어 있었지요. 그런데 현실은 다르더군요. 세입자가 월세도 입금하지 않고 관리비도 밀리고 연락도 안 되는 일이 생기고, 오히려 적반하장으로 당당하기까지 했습니다. 돈도 돈이지만 마음이 힘들어서 더 이상 못 하겠더군요. '모든 것에는 변수가 있구나!' 하는 것을 배우게 되었어요. 다음에는 아파트에 투자를 해보았습니다. 신규 아파트 분양을 받아 적절한 매도 타이밍에 아파트를 매도했습니다. 아파트 하나씩만 팔아도 웬만한 월급 못지않게 수익률이 좋았습니다. 집에서 아이들 키우며, 내 시간 쓰며 아파트 하나씩만 팔아도 너무 괜찮았습니다. 그런데 나라에서 규제가 점점 심해지고 대출까지 조여오니 아파트 투자도 어려워지기 시작하더군요. 사실 얼마 전까지만 해도 '이제는 내가 살 집! 똑똑한 한 채만 가지고 있자!'라는 생각이었지만 지금은 주택 소유에 대한 부분은 조금 가볍게 생각이 됩니다. 꼭 자가가 아니어도 되고 깔고 앉아있을 돈으로 투자하자. 아파트 투자에 대한 생각이 바뀌고 다음 투자대상으로 토지를 선택했습니다.

첫 땅은 잘 모르니 내가 거주하는 지역 근처에 눈으로 봤을 때 예쁘고 잘 만들어진 택지를 매수했습니다. '이 땅을 택지상태로 그대로 잘 받고 팔거나 다가구를 지어서 팔아야지!' 야심 차게 누구나 한 번쯤 생각해 보는 건물주가 될 희망에 부풀어 있었습니다. 제가 매수한 택지도 나름 분양할 때 전국적으로 경쟁률을 자랑하는 곳이었습니다. 땅은 시간이 지나면 자연스럽게 오를 것이라고 생각했습니다. 그런데 제가 땅을 매수하고 얼마 지나지 않아 LH 사건으로 온 나라가 들썩이기 시작하더군요. 아니나 다를까 토지 시장이 조용해지고 제가 사는 지역도 토지거래가 줄어들었습니다. 택지를 내놔도 팔리지 않는 분위기였습니다. '그럼 다가구를 지을까?' 하고 생각했더니 코로나로 인해서 원자재값이 치솟고 건축비도 함께 오르기 시작합니다. 부동산과 건설사 측에 확인해 보니 건축비가 처음 예상했던 금액보다 훨씬 올라 있더라고요. 그때 건축하시는 분이 그러시더군요. "오늘 건축비가 제일 쌉니다!" 미래를 예상할 수는 없지만, 투자에 있어 안정성을 따지면 실행하기는 힘들다는 것을 느꼈습니다. 그 이후로 '이렇게 남들 따라 하는 투자는 아니다!'라는 생각을 하게 되었습니다. 이런 경험을 하고 나서야 뒤늦게 깨우쳤지만, 그 시간들이 저의 새로운 투자 철학을 만드는 과정이었기에 절대로 후회는 하지 않습니다. 그리고 투자에 관심을 가지고 실전 경험을 해보니 이런 생각이 들더라고요. '그래! 제대로 공부하고 투자해서 돈을 한번 많이 벌어보고 싶다. 투자에 대한 공부를 제대로 해보자!' 그래서 '토지투자를 본격적으로 공부할 것'을 결심을 하게 됩니다. 아파트 투자로 몇 배 올라서 팔았다는 이야기보다 땅으로 몇십 배 벌었다는 이야기가 더 매력적으로 보였거든요. 그래서 토지 관련 책을 찾아보기 시작했고, 토지 관련 정보들을 검색하기 시작했습니다.

이렇게 토지에 '토' 자도 모르는 '토린이'가 이제는 저와 같은 토지 입문자들에서 현실적인 이야기를 전해드리고 싶어서 이렇게 글을 쓰게 되었습니다. 토지 공부! 생각만큼 어렵지 않습니다. 여러분들이 토지투자를 해보고 싶고, 토지 공부를 해보고 싶다면 이 정도는 꼭 알아두셨으면 좋겠다는 마음으로 글을 쓰게 되었습니다. 잘 몰라서 주위 권유로, 아니면 속아서 내가 사고자 하는 땅의 기본적인 속성도 모른 채 매수하여 돈 묶이는 일이 없었으면 합니다. 땅을 보는 기본적인 지식만 가지고 계시더라도 여러분은 이미 반은 성공하신 겁니다.

책 내용이 현재 여러분들의 상황이나 미래에 투자할 상황 속에서 꼭 필요한 정보가 되었으면 하는 마음으로 지금부터 토지에 관련된 용어와 내용을 가지고 누구나 알아듣기 쉽게 이야기를 시작해 보겠습니다.

02

토지 임장이란?

　　　　　토지를 매수할 때는 서류와 지도를 통해 미리 정보를
입수하고 현장에 가서 확인하여야 할 것입니다. 토지 임장이란, 임할 임
(臨) 자에 마당 장(場) 자를 써서 어떤 일이나 문제가 일어난 현장에 나와
보는 것을 말합니다. 다시 말해서 토지를 매수하려 할 때 현장에 직접 가
서 토지의 상태, 주변 입지, 환경, 개발 계획 등을 직접 눈으로 확인하는
것이라고 표현할 수 있겠습니다. 제가 생각하는 임장의 종류는 크게 두
가지입니다. 미리 말씀드린 대로 임장은 '현장에 임한다!'라는 뜻이니 당연
히 직접 가는 것을 의미합니다. 이렇게 직접 가는 임장을 다른 말로 '발임
장'이라고도 합니다.

　그럼 '발이 아닌 손으로 하는 임장도 있나?'라고 생각하실 수 있겠죠?
예! 당연히 '손임장'도 있습니다. 모든 곳에 다 직접 간다는 것은 시간적 제
약이 크기 때문에 실제 임장 갈 토지를 먼저 거르는 작업이 필요합니다.
그래서 저는 임장을 '손임장, 발임장'이라고 말합니다.

03
토지 임장의 필요성

       기가 막힌 땅이 나왔다는 소식을 듣고 임장을 다녀온 얘기를 들려드릴까 합니다. 시간이 날 때마다 종종 커피를 사서 부동산 사장님들과 수다 떨러 놀러 가고는 했었는데, 코로나 시국에는 한참을 몸을 사리느라 부동산 사무실 다니기는 뜸했었습니다. 그런데 부동산 사장님께서 오래간만에 예쁜 원형지 매물이 나왔는데 구경이나 가보자는 말에 같이 다녀왔습니다. 더군다나 이번에 소개받은 땅은 주변 이장님에게 방금 연락이 온 따끈따끈한 물건이라는 말에 신나서 출발했습니다. 개인적으로 저는 땅 보러 갈 때는 언제나 신이 난답니다.

    "앨리 님! 이거 방금 이장님께 연락 온 건데 제일 먼저 보여주는 거야! 정말 기가 막히게 좋은 땅이래." 부동산 사장님의 호기로운 목소리에 운전하는 중에도 너무 궁금하더라고요. 물건지에 도착해서 설명을 듣는데 뭔가 느낌이 이상하더군요. 그래서 제가 질문을 드렸습니다.

    "사장님, 이 땅 지목이 뭐예요?"

    "어? 지목은 계획관리예요. 계획관리 알죠? 대지보다 더 좋은 거! 집 지을 수 있는 계획관리야!"

    저는 좀 난감해서 무어라고 답을 해야 할지 한참을 생각했습니다. 토지를 전문으로 하는 부동산은 아니지만 어째 기본적인 답도 못 해주시더군요. 그러고 있는데 또 하시는 말씀이,

"이거 대지인데 개발행위 인허가비와 개발부담금은 앨리 님이 내야 해요. 그리고 이거 중종 땅인데 자녀들이 저렇게 산을 까서 파는 거야."

중종 땅이랍니다. 그럼 대출은 어찌 되는 겁니까? 바로 건너편 전원주택 부지도 분양이 거의 안 되어 보이고, 가까이 콘크리트 공장에서는 폐연료로 공장이 돌아가고 있어 전혀 용도가 보이지 않는 맹지와 같은 임야인데 사장님은 계속 땅이 기가 막히다고 하시니 진짜 제가 기가 막히더군요. 도로변에 붙은 땅이라고 하시는데, 현황 도로로 보이는 좁은 콘크리트 길인 데다 토목공사도 1/3 정도 하다가 말은 땅을 나한테 권하시다니! 그것도 비싸게 말입니다. 그동안 제가 사다 드린 커피값이 얼만데 진짜 욕이 나오다 쑥 들어갑니다! 하지만 그때 저는 어떻게든 좋은 쪽으로 해석하려 노력했습니다.

'맞아! 부동산 사장님도 토지에 관한 지식이 없으니 좋아 보이는 것이겠지! 내가 이해해야지!' 여러분! 만약 저도 토지 까막눈이었다면 사장님 브리핑에 혹해서 귀가 팔랑팔랑거렸을 거예요! 그분이 팥으로 메주를 쑨다고 해도 믿을 만큼 말씀을 잘하시는 분이거든요. 이 사건을 통해서 제가 느낀 건 진짜 토지에 대해 기본적인 것은 알아놓아야겠다는 생각이었습니다. 그것만이 속지 않고 또 사기를 당하지 않고 내 소중한 돈을 지키는 유일한 방법입니다.

에피소드에 대한 넋두리이지만 제가 토지 공부를 하고 토지 임장을 다니는 이유는 아주 간단합니다. 누구에게 휘둘리거나 사기당하지 않고 내 주관대로 소신 있게 땅을 사고 잘 팔아서 돈을 벌기 위한 겁니다. 돈 되는 땅, 돈 묶이는 땅을 잘 가려내기 위함입니다.

04
임장의 종류

손임장이란?

먼저 손임장이란 현장에 직접 가지 않고 PC나 핸드폰으로 검색을 통해서 하는 임장을 말합니다. 발임장을 가기 전에 손임장을 통해 해당 토지에 대한 정보를 충분히 얻고 가게 되면 불필요한 시간을 줄이고, 최대한의 효과를 누릴 수 있게 됩니다. 관심 지역을 먼저 정하고, 나의 투자 목적에 맞게 알아보는 거죠. 계획을 짜고 지역을 정하고 넓은 의미의 토지 분석을 합니다.

우선은 손임장이라는 말처럼 다양한 채널검색을 통해 해당 지역의 장·단점을 찾아봅니다. 앞으로의 개발 계획, 진행 상황, 인구 유입&유출, 교통요건, 산업 등등 살펴볼 것은 너무 많죠. 대부분 기사, 블로그, 부동산 앱 등을 통한 정보를 수집하시는데, 무엇보다도 제일 먼저 보셔야 하는 것은 '토지이용계획확인원'입니다. 인터넷 포털 사이트에서 '토지이음'을 검색하시면 확인하실 수 있습니다. 토지의 모든 정보가 들어있는 서류이니 반드시 꼼꼼하게 살펴보셔야 합니다.

저의 경우에는 몇 가지를 더하는데, 그것은 해당 지역의 시, 군, 구청 홈페이지를 확인한 후 로드뷰(Road View)로 해당 토지를 둘러보는 것입니다. 페이지를 보면 지역의 정보를 손쉽게 확인할 수 있으며, 로드뷰는 직접 가지 않아도 거리뷰를 통해 지역의 전체적인 분위기와 토지 주변 현황을 미리 알 수 있어서입니다. 여러분도 '토지이용계획확인원'과 '지자체 홈페이지' 그리고 '로드뷰' 등을 확인하는 것을 습관화하시면 토지 공부에 많은 도움이 될 것으로 생각됩니다.

손임장 체크리스트

① 위치 확인

먼저 포털 사이트(카카오, 네이버, 다음 등) 지도에서 가고자 하는 도시 전체 모습을 한번 살펴봅니다.

우리나라 지도상 임장할 토지 위치와 그 지역과 연결되는 도로망, 고속도로 IC와의 연결 관계를 확인합니다. 도로가 곧 돈의 길이기 때문에 현재의 도로 현황과 예정 도로를 알고 있다면 투자를 함에 있어 굉장히 도움이 됩니다. 그리고 수도권과의 접근성이나 주변 대도시와의 위치 확인도 전반적으로 보시면 됩니다.

- 위치: 주변 도시들과의 근접성
- 교통: 고속도로와 IC까지 근접성

② 주변 환경(지적도, 로드뷰)

지적도상 용도지역을 확인합니다. 임장 가고자 하는 땅과 그 주변의 용도지역을 파악하면 앞으로의 개발이나 발전 가능성을 예상해 볼 수 있습니다.

- 용도: 주변 환경 등에 따라 어떤 용도로 쓸지 체크
- 도로: 「건축법」상의 도로인지 체크
- 배수로: 구거, 현황 배수로 등 체크
- 토목공사: 발임장 전에 대략 체크
- 차선&교차로: 교차로와 거리, 교차로 영향권 체크
- 방향: 건물을 지었을 때 남향인지 체크
- 땅 모양: 효율적인 분할 모양 예상
- 환경: 주변에 축사, 분묘 등 혐오시설 체크. 민원 발생 체크
- 건축물: 버스 정류장, 불법 건축물, 입간판, 광고판, 전봇대 체크
- 경사도: 임야일 경우 체크

③ 토지이용계획원 분석

토지이용계획원으로 토지의 지목, 면적, 용도지역 등을 사전에 파악해 보고, 확인도면을 통해 땅의 경계와 주변 지목들과 도로, 배수로 조건을 미리 알 수 있습니다.

- 지목: 개발행위 인허가비 체크
- 면적: 도시계획심의, 개발부담금, 개발업등록 체크
- 건축: 용도지역별 건폐율&용적률 체크
- 도로 및 배수로 현황 접도구역 체크 가·감속 차선 시공 유무 체크
- 행위 제한 확인

예를 들면 도로변에 소로 1류 접합이라고 한다면 '폭 10m~12m 미만의 2차선 도로가 내 땅과 붙어있겠구나.'라고 예상하실 수 있습니다. 사전에

예상을 해보고 현장에 갔는데 내 예상과 맞는다면 엄청 뿌듯하겠죠? 위에 말씀드린 순서대로 손임장을 준비하신다면 발임장, 즉 현장을 가셨을 때 엄청 바쁘실 겁니다. 왜냐하면, 내가 가진 정보와 현장이 일치하는지를 일일이 확인해야 하실 테니 말입니다. 서류상으로 확인한 토지의 모양, 개발 방향, 분할 모습, 도로 조건, 배수로 조건 등을 모두 파악하셔야 할 것입니다.

▌손임장 상세 1

먼저 토지의 위치를 온라인상에서 확인할 수 있는 방법입니다. 여러 가지 포털 사이트에서 해도 되겠지만, 많은 분이 사용하고 계시는 '카카오 맵'을 예시로 들어보겠습니다.

① 네이버 검색창에서 '카카오 맵(다음 지도)'을 검색합니다.
② '카카오 맵'을 클릭하여 홈페이지에 접속합니다.
③ 화면 좌측 상단에 있는 하얀색 빈칸에 ▭ 땅 의 '지번'을 입력하고 우측 돋보기 모양을 누릅니다.
  우측 상단에 스카이뷰(항공사진) ▭ 가 파란색으로 활성화되어 있으므로 마우스로 지도를 확대하고 축소해 가며 임장을 가고자 하는 땅의 위치와 수도권과의 근접성, 주변 도시들을 전반적으로 확인합니다.
④ 우측 상단에 지도 버튼 ▭ 을 클릭해서 활성화시키면 좀 더 심플하게 도로망 확인이 가능합니다. '고속도로 IC'와의 연결된 도로 상황을 한눈에 확인할 수 있습니다.
⑤ 화면 우측 상단에 있는 버튼 중에서 네 번째 '레이어' 버튼 ▭ 을 누르면 화면에 '지도 설정'이 나타납니다.
⑥ 지도 설정 화면에서 '지적편집도' 버튼을 누르면 화면이 변합니다.

지형도   지적편집도   법정경계   행정경계

'지적편집도'에는 색깔로 용도지역이 구분되어 있습니다. 색깔만 잘 봐도 여기가 주거지역인지, 상업지역인지, 녹지지역인지 등을 구분할 수 있습니다. 즉 내가 보고자 하는 땅의 용도지역을 바로 알 수 있다는 겁니다. 관심이 있는 토지가 개발이 가능한 지역인지 자연환경보존지역인지 등 관공서 해당 부서를 찾아가는 수고를 줄일 수 있고, 직접 발품을 팔지 않아도 되므로 정말 유용한 기능입니다.

⑦ 마지막으로 혹시 카카오 맵의 기능 및 기호들에 대한 정보를 더 원하시는 분들이 계신다면 지도의 우측 하단에 위치한 박스에서 '더보기'를 눌러보시기 바랍니다. 카카오 지도 범례와 심벌에 대한 정보가 상세히 나와있습니다. 이처럼 직접 가보지 않고서는 알 수가 없었던 정보를 온라인 포털 사이트를 통해 쉽게 접할 수 있는 세상에 살고 있음에 감사할 따름입니다.

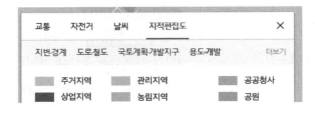

유의할 점이 있다면 '지적도'는 공공기관의 자료와 자체 조사를 통해 편집되고 제작된 지도이긴 하지만 지역별 최신성 및 정확성이 확보되지 않을 수 있으며, 법적 효력이 없는 정보입니다! 투자에 있어 참고용으로 사용하시고 정확한 자료가 필요하신 분들은 관공서를 이용하시기 바랍니다.

▌손임장 상세 2

토지의 주변 환경을 로드뷰를 통해 확인하는 방법에 대해 알아보겠습니다.

'로드 뷰(Road View)'는 말 그대로 내가 운전하는 것처럼 원하는 지역의 도로를 따라가며 도로 및 주변 상황을 간접적으로 확인할 수 있는 프로그램입니다. 거의 '순간이동 기능'이지요. 우리는 이 로드 뷰를 활용해서 직접 가지 않으면서도 우리 땅을 도로 방향에서 바라볼 수 있습니다. 발임장을 하지 않고도 내가 궁금한 땅의 모습과 현황을 도로에서 바라볼 수 있으니 정말 편한 기능입니다.

카카오 맵을 활용한 로드 뷰를 활용하는 순서입니다.

① 카카오 맵 사이트로 들어가면 아래와 같은 화면이 나오면 주소를 입력하여 검색을 시작합니다.

[그림 1]

② 우측 상단에 있는 캠코더 모양을 클릭하면 다음 지도 로드 뷰가 활성화됩니다(파란색으로 도로가 표시됨). 로드뷰를 볼 수 있는 도로가 활성화가 되어있고, 커서(화살표)가 캠코더 모양으로 변경됩니다. 이

캠코더 모양을 움직여서 본인이 보고 싶은 장소를 선택해 주면 됩니다. 단, 도로가 활성화되지 않는 땅은 볼 수 없음이 조금 아쉽습니다. 로드 뷰는 실제로 보는 듯한 광경을 제공합니다. 땅의 위치와 사진을 볼 수가 있으며, 방위와 크기를 조정해 가며 볼 수 있어요. 마우스로 화살표 방향을 움직여가거나 마우스를 두 번 클릭하면 원하는 방향으로 움직이며 땅의 모습을 확인하시면 되겠습니다.

③ 아래의 그림처럼 도로 조건을 확인하고 배수로 등이 있는지를 확인이 가능하니 꼼꼼히 찾아보시기 바랍니다. 이전에 말씀드린 것처럼 도로 바로 앞에 가로등이나 전신주가 떡 하고 자리를 잡고 있지는 않은지, 주변 환경이 투자에 영향을 끼칠 수 있는지, 아니면 유해환경 요소들이 있는지도 미리미리 확인할 수 있겠습니다. 하지만 직접 현장 임장을 해봐야 공사비를 예측할 수 있고, 정확한 파악이 됩니다. 로드 뷰는 사전 참고용으로 삼으시면 됩니다.

[그림 2]

제가 처음 로드 뷰의 기능을 확인하고 제가 원하는 토지를 찾아볼 때 엄청 신나서 물건지 근처 동네 골목을 다 둘러보았지요. 시간 가는 줄 모르고 봤던 기억이 있습니다.

로드 뷰 자료는 수시로 업데이트되는 정보이다 보니 현황과 다를 수 있다는 점을 반드시 참고하시기 바랍니다. 그리고 과거의 지도를 보고 싶으시면 왼쪽 상단에 있는 날짜를 클릭하시고 과거의 시간을 선택하면 됩니다. 이상으로 로드 뷰로 땅을 보는 법을 알아보았습니다. 제가 알려드린 내용만 숙지하신다면 이후에는 여러분들이 궁금한 땅으로 언제든지 '순간이동'이 가능하답니다. 물론 비용은 공짜입니다.

여기까지 온라인상에서 관심 있는 토지의 위치와 주변 정보 확인이 중요하다는 것과 그 정보들은 어떻게 기술적으로 접근할 수 있는지에 대해서 설명해 드렸습니다.

[그림 3]

▌ 손임장 상세 3

토지의 본질적 정보가 들어있는 토지이용계획확인원을 보는 방법에 대해서 알아보겠습니다. 먼저 토지이용계획확인원 분석 중 '토지의 지목'에 대해 알아보겠습니다.

임장 시 꼭 기본적으로 알아두어야 할 부분만 설명하겠습니다.

먼저 토지이용계획확인원이라는 서류는 인터넷 사이트에서 열람과 출력이 가능합니다. 물론 동사무소에서도 발급이 가능하지만, 집에서 편안하게 보실 수 있습니다.

① 네이버 검색창에 '토지이음' 검색합니다.
② '토지이음'을 클릭하여 홈페이지에 접속합니다.
③ 임장지의 '지번'을 입력하고 열람합니다. 이렇게 토지이용계획확인원 서류를 열람하시면 이제 분석을 해야 합니다.

'지목'이란 우리나라 땅을 28개의 주된 용도로 분류해 놓은 것입니다. 지목을 보시고 내가 임장을 하려는 땅이 논인지, 밭인지, 임야인지 등을 알아보실 수 있습니다. 지목에 따라 내가 투자하는 비용이 달라지기 때문에 꼭 미리 확인을 해야 합니다. 예를 들어 땅을 사서 건물을 지어서 식당을 하려고 합니다. 그런데 내가 매입한 땅의 지목이 원형지(전, 답, 과수원, 임야, 목장용지)인 경우에는 안타깝게도 건물을 짓고 싶다고 바로 건물을 지을 수가 있는 것이 아니라 건물을 짓기 전에 개발행위허가라는 것을 받아야 하고, 허가를 받기 위해서는 세금을 내야 합니다. 세금은 지목마다 기준금액이 달라 지목이 어떤 것이냐가 매우 중요합니다. 원형지의 종류 [농지(전, 답, 과수원), 임야, 목장용지]와 토지의 면적을 기준으로 내가 내야 할 세금을 예상해 볼 수 있겠습니다. 예를 들면 국고세금이 임야나 목장용지에 비해 조금 높은 농지의 세금 계산법은 '개별공시지가×30%×전용하고자 하는 면적'입니다. 내 땅의 지목 종류를 보고 '인허가 비용'을 바로 계산을 할 수 있다면 예상 비용을 산출하는 데 도움이 될 수 있습니다. 이렇게 세금까지 내면서까지 '원형지'를 개발하는 이유는 개발이 완료된 땅보다 가격적인 메리트가 있기 때문입니다. 5가지 원형지 외에 나머지 지목들은 건축 허가나 신고하신 후에 건물 지으시면 됩니다. 내 땅에 건물을 지으려 할 때 지목과 개별공시지가를 확인한다면 내가 지불해야 할 인허가 비용을 예상할 수 있습니다!

두 번째 토지이용계획확인원에서 나와있는 '면적'에 대해 알아보겠습니다. 면적이 중요한 이유는 면적을 기준으로 내가 토지를 개발할 때 추가 금액이 발생하는지에 대한 여부와 거쳐야 할 절차가 어떤 것이 있는지를 확인할 수 있기 때문입니다. 토지의 면적을 보고 딱 3가지만 알아두면 됩니다. 이 3가지의 해당 여부에 의해서 토지매입 혹은 토지개발 시 기간적인 부분, 비용적인 부분에서 굉장한 차이가 발생합니다. 그런 의미에서 아래의 표는 매우 중요합니다.

구분		기준
개발부담금	도시지역	*990m² (300평)이상*
	비도시지역	*1,650m² (500평) 이상*
도시계획심의 (화성시기준)	근생	*3,000m² 이상*
	주택 및 근생	*5,000m² 이상*
개발업등록	토지면적 5,000m² (연간 10,000m²이상)	

[그림 4]

① 개발부담금

특별시, 광역시 660㎡ 이상(200평), 도시지역 990㎡ 이상(300평), 비도시지역 1,650㎡(500평) 이상의 토지를 개발하고 건물을 짓게 되면 납부하는 세금을 말합니다. 내가 매입하려고 하는 땅이 위 표에서 나와있는 '기준면적' 이상이라면 개발부담금 대상이라는 것을 염두에 두셔야 합니다.

② 도시계획심의

지자체별로 심의면적은 상이합니다. 화성시를 예로 들면 근생으로 개발 시 3,000㎡ 이상, 주택 및 근생으로 개발 시 5,000㎡ 이상일 경우 도시계획심의 대상이 됩니다.

내 토지가 면적 기준을 상회하여 도시계획심의를 받게 된다면 토지를 개발하는 투자자 입장에서는 그 절차와 기간이 부담스러울 수 있습니다. 심의에 소요되는 기간은 길게는 6개월 이상 걸릴 수도 있으니까요. 그래서 면적을 보고 심의 대상인지 아닌지 파악하는 것은 시간적으로나 경제적으로 매우 중요한 사안입니다.

③ 개발업등록

면적이 건당 5,000㎡, 연간 10,000㎡ 이상일 때는 '부동산개발업등록증'이 필요합니다. 부동산업체와 업무협약을 맺고 진행하면 되지만 그에 따른 수고스러움과 비용이 발생합니다.

이에 관심이 있는 토지의 면적을 확인하고 3가지에 해당이 되는지 아닌지를 사전에 확인할 수 있다면 나의 투자금과 기간을 예상하여 적절한 대비를 할 수 있겠습니다.

이해를 돕기 위해 토지이용계획확인원의 토지 면적이 1,801㎡인 사례를 들겠습니다. 이 토지의 면적을 3가지 사항에 적용을 시켜보면 이 토지는 도시계획심의를 받지 않아도 되고, 개발업등록 또한 필요가 없는 땅입니다. 다만 개발부담금은 대상이군요. 이런 방식으로 여러분들도 면적만 보고 3가지 사항에 대한 분석이 가능하다면 기간적으로 그리고 비용적으로 유리한 땅을 선택하실 수 있습니다.

세 번째로 토지이용계획확인원에 나와있는 '용도지역'에 대해 알아보겠습니다.

우리나라 용도지역은 21개로 나누어져 있습니다. 이유는 국토의 개발을 균형 있고 효율적으로 개발하기 위하여 행위제한을 위한 용도지역을 만들어 놓았습니다. 종류를 보면 크게는 도시지역, 관리지역, 농림지역, 자연환경보전지역으로 나누어져 있고 각각의 지역도 다시 세부적으로 나누어지게 됩니다. 오늘은 가볍게 용도지역을 알아두시는 것이 왜 중요한지 주변 사례를 들어 설명할 예정입니다. 의외로 용도지역을 모르고 투자하셔서 돈이 묶이는 투자하시는 분들이 제 주변에도 굉장히 많더라고요. 용도지역만 머릿속에 개념을 가지고 있다면 토지를 속고 사서 겪는 맘고생은 더 이상 안 하실 수 있습니다.

제가 얼마 전 지인들을 만나서 반가운 마음에 막걸리 한잔을 하는 시간을 가졌습니다. 그런데 다들 제가 토지 공부를 한다는 것을 알고 본인이 소유하고 있는 땅을 한번 봐달라고 하시더라고요. 술안주 겸으로 지인분들의 토지의 지번을 찾아보았더니 한 분은 농림지역의 땅을 사셨더군요. 분명히 투자용으로 사셨다고 말씀하셨는데 농사만 지을 수 있는 땅을 사셨습니다. 솔직히 말씀드리는 것이 도와드리는 일이라고 생각해서 용도지역에 대해 설명을 해드렸지요. 이후 술좌석 분위기가 싸해진 것은 비밀입니다. 이처럼 농림지역은 개발 가능성이 매우 희박하고 규제도 까다롭고 행위제한도 강한 지역입니다. 개발이 된다고 하더라도 기간 대비 이익이 많지 않아 투자로 접근하신다면 피해야 하는 지역이라고 볼 수 있죠. 지인분은 땅을 사고 나서 용도지역을 확인하셨고, 자식들에게 물려줄 수밖에 없다며 어두운 표정을 지으시더군요. 본인은 이미 정신건강을 위해 포기한 상태라면서 용도지역만 미리 아셔도 이런 상황은 피할 수 있었는데 참으로 안타깝습니다. 다른 한 분은 경주지역 임야를 매수하셨습니다. 퇴직 후에 임야 개발해서 커피숍이랑 펜션을 하시며 노후를 보내시려는 계획이라더군요. 이 토지의 토지이용계획확인원을 바로 확인해 보았지요. 용도지역이 자연환경보전지역이더군요. 해당 지자체에 확인이 필요하겠지만, 일반적으로 자연환경 훼손을 가져오지 않는 농가주택이나 소매점 정도밖에 허용되지 않는 지역입니다. 다른 법령 등에 따른 지역·지구 등의 란에도 「문화재보호법」, 「산지관리법」, 「자연공원법」 등이 적혀있어 토지개발에 있어 너무 많은 제한이 예상되는 토지였습니다. 이분 또한 용지지역만 아셨어도 다시 한번 생각하셨을 텐데 참으로 안타깝더군요. 오랜만에 만나서 처음에 분위기 아주 좋았던 술좌석은 결국 어색함과 안타까움만을 남긴 채 각자 집으로 돌아오게 되었습니다.

제 지인분들이 용도지역에 대한 개념을 아시고 개발이 가능한 건축물에 대하여 조금이라도 생각해 봤다면 이러한 농림지역이나 자연환경보전지역의 땅을 투자의 용도로 매수하셨을까요? 아닐 겁니다. 같은 투자금이라도 훨씬 가치가 있는 토지에 투자하셨을 것입니다. 땅을 사기 전에 땅에 대한 '기본적인 분석'과 '현장 임장'은 선택이 아니라 필수입니다. 나의 투자 목적에 맞게 이용이 가능한지 예상해 보시고 확인을 하셔야 합니다. 나는 모르는데 주변의 얘기만 듣고 매수하는 것은 '묻지마 투자'와 같습니다. 제 주변 사례를 들어서 용도지역을 알아두시면 돈이 묶이는 투자를 피해 나갈 수 있다고 말씀드렸었지요. 이번에는 다른 사례를 들어서 이야기를 진행해 볼까 합니다. 제가 토지 공부를 한다는 소문이 좀 났는지 최근에 지인분에게 전화 한 통이 왔습니다.

"앨리 님, 잘 지내시죠? 제가 평택에 기가 막힌 땅을 추천받아서 하나 샀어요! 호재가 많고 개발이 되면 땅값이 뛰는 건 시간문제래요. 시간이 되시면 한번 봐주실래요?"

그래서 기대 반, 호기심 반으로 지번을 받고 먼저 토지이용계획확인원을 컴퓨터에 띄우고 로드 뷰를 찾아보았습니다.

농림지역에 삼각자 모양의 논이더군요. 경지 정리가 된 농업진흥구역으로 '절대농지' 개념의 토지입니다. 농업을 목적으로 하는 곳이라 투자에는 적합하지 않은 땅이지요. 게다가 모양도 삼각형이라서 혹시 개발이 가능하다고 하더라도 건물을 설계해서 효율적으로 사용하기도 애매하다는 생각이 들었습니다. 도로 또한 폭이 2미터 내외라서 더 분석하지 않아도 투자랑은 거리가 먼 땅이더군요. 고민을 해보고 아무리 생각해 봐도 이 건은 구원해 줄 수 있는 방법이 안 보였습니다. 별의별 생각이 다 들더군요. 도대체 제 지인 분들은 왜 다 이런 땅에 투자를 하시는 걸까요? 참으로 안타깝습니다. 그래도 문의는 하셨으니 분석 내용은 전달해 드려야 할 듯해서 "이 땅은 지금 바로 매매가 일어나기에는 무리가 있어 보이네요. 시간을 더 두고 봐야 될 것 같습니다."라는 말로 표현을 해드렸습니다. 제 지인 분들의 토지는 간단한 손임장만으로도 걸러지는 땅이었습니다. 토지에 대해 제일 기본적인 토지이용계획확인원 분석 정도만 알고 로드 뷰로만 확인해 봐도 해당 토지에는 제대로 된 도로가 없으며 용도지역도 개발이 불가한 지역이라는 것을 쉽게 알아차리고 안타까운 투자는 피해가실 수 있었을 것입니다.

네 번째로 토지임장 시 꼭 확인해야 하는 키워드는 '도로'입니다.

임장을 가는 이유는 여러 가지가 있겠지만, 투자로 생각을 하고 땅을 보러 가신다면 그 땅을 매수하기 전에 나의 투자 목적과 맞는 토지인지, 내가 생각하는 용도로 활용할 수 있으며 개발도 가능한지, 그리고 얼마만큼의 투자금이 들지 예상을 해보기 위함일 것입니다.

또한 건축을 목적으로 사는 땅이라면 개발행위허가 및 건축인허가 여부를 확인할 수 있는 최소한의 요건인 '도로와 배수로'는 토지 임장 시에 반드시 확인을 해야 할 것입니다. 임장 가기 전에 기본적으로 알아보아야 하는 부분에 대해서만 말씀드릴게요. 도로는 기본적으로 지적도로 확인할 수 있습니다. 그리고 포털 사이트 로드뷰로 현황 도로나 사도 등을 어느 정도 확인할 수도 있습니다. 그러나 모든 도로가 로드 뷰로 확인할 수 있는 것이 아니다 보니 로드 뷰로 보이지 않는 도로들은 직접 현장에 가서 확인할 필요가 있습니다.

① 지적도 확인

도로는 반드시 지적도와 현장을 비교·확인해야 합니다. 특히 아래 사진처럼 파란색 로드 뷰로 활성화가 되어있지 않은 하얀색 도로는 직접 현장에 가서 확인해야 합니다. 지적도상의 도로와 실제 확인한 도로의 모양과 형태가 다를 수 있기 때문입니다.

지적도상 도로가 없지만 위성사진으로 보면 길이 있는 경우가 있습니다. 그러면 그 길이 도로인지 아닌지를 먼저 알아보아야 하고, 내 땅의 일부가 길로 쓰이는 것이면 상관없지만 만약 길로 쓰이는 땅의 주인이 따로 있다면 토지주인에게 사용승낙서를 받아야 할 수도 있습니다.

[그림 5]

② 도로 폭 확인

도로의 유무를 확인하고 나서 '도로 폭'을 확인해야 합니다. 사업부지의 면적에 따라서 도로 폭의 허가조건은 다릅니다. 비도시지역 개발행위 허가 가능 면적별 도로확보 조건이 면적 1,000㎡~5,000㎡ 미만은 4m 이상, 5,000㎡~30,000㎡ 미만은 6m 이상, 30,000㎡ 이상은 8m 이상의 도로에 접해있거나 조건에 부합하게 도로를 개설해야만 합니다. 그런데 「건축법」상 도로가 아니어도 허가를 받을 수 있는 경우도 있습니다. 시골 마을에 '마을안길'이라고 표현하는 도로인데요. 부지면적이 1,000㎡ 미만일 경우에 도로 폭이 4m가 되지 않아도 허가를 받을 수 있습니다. 하지만 여기에도 조건이 있습니다. 차량 출입이 가능해야 하고(도로 폭 최소 3m 이상), 단독주택 및 제1종 근린생활시설만 지을 수 있습니다. 물론 지자체에 따라 허가받기 어려운 경우도 있을 수 있으므로 개발하기 전에 반드시 해당 지자체에 확인하는 절차를 거쳐야 하겠습니다. 아무리 모양이 예쁜 땅이라고 해도 도로의 조건이 맞지 않으면 건축을 할 수 없어 투자가치가 적은 땅입니다. 일반적으로 맹지는 사지 말아야 할 땅으로 생각합니다. 그 이유는 바로 도로가 없기 때문입니다. 주변 사례를 들어 도로에 관한 이야기를 한 가지 더 해볼까 합니다.

지난번 제 지인분의 삼각형 모양 땅 기억하시죠? 그 삼각형 지인분께서 땅을 하나 더 봐달라십니다. "앨리 님! 이 땅도 주·상·공지역 바로 옆의 '자연녹지'라서 곧 대박 난다고 하는데 시간 날 때 한번 봐주세요."라며 지번을 주시더군요. 맘속으로 '이번에는 제발 좋은 땅을 샀기를.' 하고 바라면서 지번을 입력하고 로드 뷰와 토지이용계획확인원을 체크해 보았습니다. 평택에 있는 논이더군요. 다행히 용도지역은 투자하기 좋은 자연녹지 땅이었지만, 땅 모양이 '뱀' 모양입니다. 예전 누군가의 '강아지 모양 땅' 이후로 매우 충격적인 모양의 토지였습니다. 강아지 땅을 사신 분께 걱정하지 말라고, 더 한 모양의 땅을 찾았다고 전화하고 싶더군요. 앞으로 이 땅을 '뱀땅'이라고 부르려 합니다. 설마, 사고 나서 확인차 지번을 준 것은 아닐 것이라고 굳게 믿고 싶었습니다만, 전화해서 물어보니 아니나 다를까 이미 사고 나서 찜찜한 마음에 저에게 전화한 것이라고 하더군요. 더 해줄 말이 없어 그분께 이제는 더 이상 전문가와 상의하지 않고 땅을 매수하지 말라고 했습니다.

뱀땅 토지를 보면 주변에 도로가 있기는 한데, 그 도로가 자동차 한 대 겨우 다닐 수 있는 폭의 도로입니다. 도로이기는 하나 폭이 너무 좁아서 개발행위허가가 난다고 가정하더라도 폭이 너무 좁은 뱀 모양 땅에 어떤 건축물을 지을 수 있을까요? 옆에 땅을 더 매수하거나 아니면 내 땅을 옆 땅 지주에게 파는 방법이 있겠네요. 일반적으로 사람들은 도로변 땅이 좋다고 합니다. 하지만 그 도로변 땅도 여러 가지 종류가 있습니다. 한 가지 예로 2차선 도로변과 4차선 도로변을 생각해 볼 때 단순히 통행량만 본다면 2차선 도로보다 4차선 도로가 통행량이 많고 유동인구가 많겠죠. 하지만 그 이유만으로 4차선 도로가 더 좋다고만은 할 수 없습니다. 통행량은 많겠지만, 상대적으로 차량들이 고속으로 이동하기 때문에 2차선 도로변에 비해 접근성이 떨어질 수 있습니다. 그리고 4차선 도로변은 가·감속(변속) 차로 공사를 필요로 하거나 교차로 연결 금지 구간 등이 존재할 수 있기 때문에 개발 비용이 많이 들어갈 수도 있고, 상황에 따라서는 진입로가 확보되지 않아 허가가 나지 않을 수도 있습니다. 그래서 일반적으로 4차선 도로변보다는 2차선 도로변의 개발을 선호합니다. 도로는 여러 가지 상황과 사례들이 존재하므로 여러 관점에서 분석하고 유사 사례를 확인하면서 신중히 접근해야 할 이유입니다.

다음으로는 토지 임장 시 배수로에 대해 유의해서 보아야 할 몇 가지 부분에 대해 설명하려 합니다. 28개 지목 중에 구거가 도랑, 즉 '자연 배수로'입니다.

배수로는 크게 3가지 자연 배수로, 인공 배수로, 현황 배수로로 나누어집니다. 건축물을 이용하려면 당연히 화장실이 있어야 하고 화장실을 이용하면 그곳에서 사용한 물이 어디론가 흘러가야 할 것인데 과연 그 물은 어디로 흘러가야 할까요? 화장실 물이 흘러가야 하는 길이 바로 배수로입니다. 주로 원형지에 투자를 하는 입장에서 토지를 살펴볼 때는 도로만큼이나 중요하게 배수로를 확인해야 합니다. 도로의 조건은 만족하는데 배수로가 없다면 개발행위허가 자체가 안 되거나 멀리 있는 배수로의 연결을 위해서 많은 시간과 비용이 발생할 수 있습니다. 그러면 투자금이 많이 들고 사전에 예상하지 못했다면 개발에 실패할 수도 있을 것입니다.

예를 들어 내가 땅을 샀는데 도로 조건은 만족하지만, 배수로가 없다면 어떻게 해야 할까요? 간단히 말해서 내가 만들면 됩니다! 그러나 현실적으로 내가 토지에 없는 배수로를 만들려면 주변 토지 주인에게 사용동의서를 득해야 하거나 추가로 땅을 더 매입해야 하는 등 여러 가지 예상치 못했던 변수들이 발생할 수 있습니다. 한마디로 돈이 엄청 들겠죠?

손임장 시 지적도상의 지목이 구거인 부지인 자연 배수로는 '용수로'와 '퇴수로'로 구분이 됩니다. 쉽게 설명을 하자면 농사를 지을 때 저수지로부터 물을 받아 농지에 물을 공급하기 위한 수로가 용수로입니다. 반대로 퇴수로는 농경지의 물을 빼기 위해서 토지의 아래쪽으로 물이 흐르는 수로입니다. 이때 꼭 알아두셔야 하는 부분이 구거가 있다고 무조건 배수로로 인정되는 것은 아닙니다. 자연 배수로 구거는 퇴수로가 되어야만 인정되고, 건물 신축이 가능합니다. 그럼 현장에서 내 땅 옆에 있는 구거가 용수로인지 아니면 퇴수로인지를 어떻게 구분할 수 있을까요? 육안으로 구분하는 방법은 내 땅보다 수로가 위에 있으면 용수로, 아래에 위치하면 퇴수로입니다. 그래서 임장을 통해 지적도상 구거일지라도 그것이 퇴수로인지를 반드시 확인해야 합니다. 용수로는 토지보다 위에 위치하며, 퇴수로는 토지보다 아래에 있습니다.

배수로의 중요성과 자연 배수로에 대해 간략히 설명해 드렸습니다. 배수로에 대한 이해에 조금이나마 도움이 되셨기를 바랍니다.

지적도상 구거라고 쓰여있는 도랑이 바로 자연 배수로인데, 이 자연 배수로 중에 퇴수로일 때만 배수로로 인정되고 건축이 가능하므로 퇴수로는 현장에서 직접 확인을 하여야 합니다. '현황 배수로'란 자연 배수로도, 인공 배수로도 존재하지 않지만, 직접 현장에 가서 보니 물이 흐르는 물길이 있는 것을 의미합니다.

예를 들어 내가 매수하려는 토지의 지적도상에서 구거가 보이지 않습니다. 그렇다면 인근 지목에 대지가 있는지를 살펴보고 현황 배수로의 유무를 미리 유추해야 하는데 인근에 대지도 보이지 않는다면 정말로 배수로가 없을 수도 있다는 것을 의미합니다. 이런 경우에는 무조건 현장 임장을 가서 배수로의 유무를 반드시 확인해야만 합니다. 만약에 배수로가 정말 없다면 개발행위허가가 불가능한 토지로 확인해야만 할 것입니다. 반면에 임장을 가보니 현황 배수로가 보입니다. 배수로를 발견하셨다면 꼭! 그 배수로의 '최종 배수지'를 확인해야만 합니다. 육안으로 보았을 때 토지 근처에 분명히 물길이 만들어져서 배수로 역할을 하고 있는 것처럼 보일 수 있겠지만, 최종 방류지가 도랑이나 하천이 아니고 물줄기가 중도에 말라버렸거나 타인의 논에서 끊기는 경우가 간혹 발생할 수도 있기 때문입니다. 이런 경우에는 현황 배수로로 인정되지 않기 때문에 개발행위허가를 받기 힘듭니다. 직접 현장에 가서 현황 배수로로 보이는 것을 발견하였을 때는 꼭! 물길의 최종 방류지까지 확인하는 것을 잊지 마시길 바랍니다!

'인공 배수로'는 쉽게 맨홀을 생각하시면 되는데, 대표적으로 맨홀과 집수정이 있으며 우수관과 오수관으로 나뉩니다. 인공 배수로가 내가 관심 있는 토지에 실제로 존재하는지를 확인하는 절차는 어떻게 될까요? 지적도를 보면 근처에 구거부지가 보이지 않지만, 주변에 대지가 많은 것이 보이면 '근처에 배수로는 있겠구나!'라고 사전에 유추할 수 있겠습니다. 우리가 유추한 것을 확인하기 위해 이전에 배운 것처럼 로드 뷰로 실제 거리를 살펴보니 아래의 사진처럼 인공배수로인 '집수정'이 존재하는 것을 확인할 수 있었습니다. 만약 로드 뷰로도 배수로를 확인할 수 없는 상황이라면 현장에 직접 가서 찾아보아야 합니다. 배수로가 가까이 있는 경우는 다행입니다만, 멀리 떨어진 곳에 배수관이 있다면 배수관의 연결을 위해 공사 비용이 더 많이 추가될 수 있습니다. 또한 다른 이의 땅을 거쳐 간다거나 타인이 먼저 깔아놓은 배수로에 연결을 해야 하는 경우가 생긴다면 '토지사용승낙서'나 '배수연결동의서'를 받아야 하는 등 아주 불편한 일이 발생할 수도 있겠습니다. 토지를 매입할 때 인접한 곳에 인공 배수로가 있다면 배수로 조건을 만족할 수 있지만, 전혀 예상치 못한 상황이 발생할 수 있고 이런 상황에서는 모든 여건이 달라지기에 현장의 확인 또 확인은 필수입니다.

지적도상 배수로를 찾을 수 없어서 현장에 갔습니다. 그런데 우수관은 없고 오수관만 존재하네요? 그럼 이 오수맨홀에 연결해서 개발행위허가를 득할 수 있을까요? 정답은 '개발행위허가를 받을 수 없다!'입니다. 오수관만 있는 경우에는 배수로가 있다고 볼 수 없습니다. 의외로 많은 분이 오수관과 우수관을 동일하게 생각하시는 분들이 많아서 다시 한번 알려드렸습니다.

발임장이란?

발임장은 일반적으로 생각하시는 임장, 즉 현장에 나가서 내 눈으로 직접 보는 겁니다. 많은 분이 '직접 가서 토지 임장(발임장)을 하시죠!'라고 요청을 드리면 뭘 어떻게 해야 할지를 몰라서 막막해하시더라고요. 저 역시 처음엔 막막했습니다. 하지만 충분한 손임장이 준비되어 있었다면 미리 알아본 내용을 확인하는 수준으로 발임장이 진행될 수 되겠죠? 토지의 위치, 모양, 방향, 면적, 용도, 주변 환경, 가격 등 기본적인 손임장 내용을 기본으로 현장에서는 토지의 모양, 방향, 용도, 주변 환경 등을 보고 목적에 맞게 개발이 가능한지 비용과 사업성을 따져보는 겁니다. 본인이 손임장을 통해 획득한 정보만큼 보일 수 있으니 발임장 전에 착실한 손임장은 필수라고 말할 수 있습니다. 이해를 돕기 위해 제 임장 사례 한 가지를 들어볼까요?

얼마 전 지목이 답인 도로변 토지 100평을 보러 임장을 갔는데 로드뷰에서와 다르게 5미터 정도 꺼져 있고 땅 한가운데 주 출입구로 써야 하는 위치에 전봇대가 딱 있는 겁니다. 와보길 정말 잘했죠? 제가 만약 임장을 하지 않았더라면 도로와 구배를 맞추기 위해서 흙을 가져다 부어야 하는 토목공사비도 발생할 것이며, 도로에 있는 전봇대의 이전설치 및 비용에 대한 개념을 전혀 고려하지 못한 채로 계약이나 개발을 진행할 뻔했습니다. 이처럼 임장은 실제 내 토지를 온전히 활용할 수 있는지 그리고 내가 원하는 투자의 방향과 목적이 현장의 조건과 잘 맞아떨어지는지를 확인할 수 있습니다. 투자에 대한 실패확률을 줄일 수 있는 토지 현장 임장은 꼭 필요한 행위입니다.

▌ 발임장 상세 1

발임장은 중요한 4가지만 중점적으로 확인하시면 됩니다. 첫 번째, 본인이 손임장에서 파악한 것을 비교해야 합니다. 현장을 꼼꼼히 확인하여 서류상의 내용과 현장에서의 상황이 같은지 아니면 어떤 것이 다른지를 먼저 파악하는 것이 중요합니다. 두 번째, 땅의 용도를 파악해야 합니다. 주변 환경을 확인하고 이 땅을 어떤 용도로 만들면 될까, 그 용도로 만들면 잘 팔 수 있을까를 생각하시는 겁니다. 개발 방향에 따른 토지의 분할 모습을 상상하고 용도의 방향을 잡는 겁니다. 예를 들어 주변에 공장들이 즐비하고 도로 조건도 큰 도로와 근접해 있으며, 진입과 출입이 좋다면 근생이나 제조장 용도 등으로 예상해 볼 수 있고, 주변에 공장이나 사무실과 상가들이 많다면 다가구 등으로 용도를 예상해 볼 수 있습니다. 이렇게 내가 땅의 모양이나 면적, 위치 등을 참고해서 용도를 계획하셔야 합니다. 용도가 보이지 않는 토지를 매입하시면 내 돈이 오래 묶일 수도 있다는 생각을 하면서 말입니다.

세 번째, 용도가 보였다면 용도 대로 개발이 가능한지를 파악해야 합니다. 근생이나 제조장으로의 용도로 계획했다면 공장으로 개발이 가능한 용도지역인지 확인하고 「건축법」상 도로 조건이 만족하는지, 배수로 조건이 만족하는지를 확인해야 합니다. 내가 원하는 용도로 사용 가능한지 조건을 빠짐없이 체크를 하는 겁니다. 예를 들어 기가 막힌 위치와 모양의 땅이고 용도도 명확하게 보입니다. 그런데 사도에 붙어있다면 어떨까요? 사도권자의 동의서가 없이는 개발할 수가 없습니다. 개발 자체를 할 수 없거나 사도권자의 동의를 받았더라도 개발 비용이 추가될 수 있습니다. 즉, 개발행위허가 자체를 받지 못할 수 있는 상황들도 생길 수 있다는 겁니다. 네 번째, 개발을 어떻게 진행할 것인지 생각해 보아야 합니다.

그 땅을 사용하기 좋은 조건으로 만드는 토목공사 비용, 인허가 비용, 취등록세 등의 개발원가를 계산해 보아야 합니다. 그 토지를 얼마 기간 동안 개발하고 보유하다가 매도할 것인지 또 매도 시 수익률이 대략 얼마일지를 예상해 보아야 한다는 겁니다. 토지투자를 하는 이유는 돈을 벌기 위해서입니다. 내가 토지개발 원가를 알아야 얼마를 벌 수 있을지 예상할 수 있습니다. 그렇게 내가 예상하는 수익률이 보인다면 토지를 매수하는 겁니다.

정리해 보면 발임장은 충분한 손임장을 준비한 다음 그것을 확인하는 행위이고, 실질적으로 제일 중요한 것은 개발원가를 계산해서 내가 얼마의 수익을 낼 수 있을지를 파악하는 것으로 정의할 수 있겠습니다. 발임장에 대한 이해에 조금이나마 도움이 되었으면 하는 마음입니다.

▌ 밭임장 상세 2

내가 파악한 용도대로 개발이 실제로 가능한지를 확인한 후에 토목공사 비용을 예상해 봅니다. 그럼 공사비는 어떻게 계산하는지에 대해서 지금부터 알아보겠습니다. 토목공사는 물론 개발업자가 직접 하는 것이 아닙니다만, 임장에서 대략적인 공사비를 계산할 수 있어야 수익률을 따져볼 수 있기 때문에 기본적 공사비 계산법은 알아두어야 합니다. 여기서 토지 개발업자가 하는 토목공사는 건물을 짓기 위한 공사가 아니라 토지를 매도하기 위한 토목공사만 고민하면 됩니다. 토지를 매도하기 위한 공사는 '성토 및 절토를 위한 공사'와 '구조물 공사'가 있습니다. 이들 공사를 진행하는 데 필요한 비용을 산정하시면 되겠습니다.

▌ 성토, 절토 비용 계산

성토 비용을 계산하기 위해서는 성토할 면적과 높이만 알면 구할 수 있습니다.

– 토지 면적(㎡)×성토 높이(m)/(트럭당 흙 적재량)×트럭당 비용

1) 성토할 면적 구하기
- 토지 면적(㎡) x 성토 높이(m)
- 토지 면적이 1,000㎡이고 성토 높이가 2m이면
-> 1,000㎡이 x 2m= 2,000m³

2) 성토할 면적을 위한 덤프트럭 수 구하기
- 15톤 덤프트럭 기준 평균 10m³ 흙 성토 가능
- 2,000m³/ 10m³ = 200(대)

3) 덤프트럭 비용 구하기
- 15톤 덤프트럭 대당 비용 : 약 10만원 (지역과 상황에 따라 다름)
- 200(대) x 10만원 = 2,000만원

4) 기타 비용 추가
- 정지 작업을 위한 포크레인 비용
- 소음 및 먼지로 인한 민원 해결 비용
- 성토할 흙을 구할 수 없거나 먼 거리에 있다면 추가적인 비용 필요

[그림 6]

위의 [예시]를 보시면 아시겠지만 '토지 면적'과 '성토 높이'를 알면 성토에 들어가는 최소 비용은 계산할 수 있습니다. 다만 지역과 환경에 따라서 비용에 대한 증감은 발생할 수 있습니다. 예를 들어 가까운 곳에서 흙을 받을 수 있다면 비용은 많이 줄어든다는 말입니다.

▌구조물 공사 비용

현장을 확인하고 성토 및 절토 공사를 예상하고 법면을 상상하여 법면을 최대한 제로화시킵니다.

-구조물 공사할 부분 길이: 옹벽, 보강토, 식생블럭 등 재료에 따라 공사 비용 계산 가능합니다. 흙을 받는 현장과 거리가 멀어서 덤프트럭이 장거리 운행을 할 경우 안정상 이유로 기준보다 적게 적재하기도 합니다. 이 외에도 현장여건에 따라 변수가 많아서 이론처럼 많은 양을 적재하지는 않는 것이 일반적입니다. 작은 차량과 큰 차량 중에 선택해야 한다면 큰 차량으로 운반할 때 훨씬 적은 횟수로 성토가 가능하기 때문에 건축주의 입장에서는 큰 차량을 이용하는 것이 금전적으로 이익입니다. 작은 트럭(15톤 덤프)을 사용하는 경우는 현장도로의 여건상 큰 차량이 진입할 수 없는 경우에 이용됩니다. 2.5톤이나 5톤으로 성토하기도 하는데 이런 경우는 필요한 흙이 적을 경우입니다. 만약 성토해야 하는 양이 많은데 차량 진입이 어렵다면 진입로를 먼저 확보하여 큰 차량(15톤 이상)을 이용하는 방법이 비용 관점에서 유리한지를 확인하는 것도 좋은 접근법입니다. 이처럼 이론과 현장 상황이 다를 수 있고, 여러 가지 변수들이 있을 수 있기 때문에 토지개발업자의 선택과 판단이 중요하겠습니다.

05

내가 생각하는 임장이란?

　　여러분들에게 제가 생각하는 '임장'에 대해서 말씀드리려 합니다. 제가 처음 토지 공부를 하며 관심 지역에 주마다 장거리로 임장을 다녔던 적이 있습니다. 그때 한 분이 이렇게 말씀하셨습니다. "오고 가는 시간을 아껴서 집에서 임장 공부를 하는 게 더 낫지 않나요?" 그 말을 듣고 처음엔 '그런가?' 하고 생각했습니다만, 제 결론은 조금 다르더군요.

　　제 입장에서는 관심 지역의 토지라면 앞으로 투자할 지역이다 보니 직접 운전해서 다니며 길도 익히고 싶었고 동네 분위기와 변화하는 모습, 개발되는 과정들을 몸으로 느껴보고 싶었거든요. 지금까지도 현장 임장을 가는 것이 즐거울 뿐이지 전혀 부담되지 않습니다. '토지 임장'은 '토지 여행'이라고 생각합니다. 대부분 여행가실 때 부담을 갖지 않으시잖아요. 임장에서도 부담을 갖지 말아야 합니다. 물론 내가 매수하고자 하는 토지가 있어서 그 마음에 완벽하게 분석해야 한다는 부담은 있을 수 있겠지만, 그 정도의 부담과 긴장은 일을 진행하는 데 촉진제의 역할을 해서 임장을 보다 세심하고 확실하게 진행시킬 수 있을 것입니다. 제가 도움을 드리고자 하는 여러분, 즉 이제 막 토지에 관심이 생기고 임장이 뭔지 알아 보시는 분들께서는 임장 가실 때 가벼운 마음으로 '아! 나는 토지 여행을 간다!' 하고 다녀보셨으면 합니다. 내가 모르는 지역에 대해 알아보고 처음 보는 토지에 설렘을 가지고 내가 할 수 있는 선까지만 준비하고 가셨으면 좋겠습니다. 그렇게 다니다 보면 시나브로 실력이 엄청 늘어나 있는 본인을 발견하실 수 있을 거예요. 부디 여러분들만의 임장 스타일을 찾으시고, 임장에 대한 두려움이 두근거림으로 바뀌기를 기원합니다.

임장 사례 1

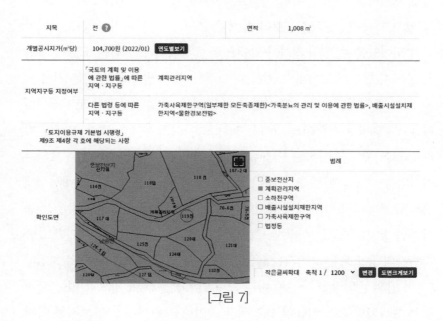

지목	전 ❓		면적	1,008 ㎡
개별공시지가(㎡당)	104,700원 (2022/01) 연도별보기			
지역지구등 지정여부	「국토의 계획 및 이용에 관한 법률」에 따른 지역·지구등	계획관리지역		
	다른 법령 등에 따른 지역·지구등	가축사육제한구역(일부제한 모든축종제한)<가축분뇨의 관리 및 이용에 관한 법률>, 배출시설설치제한지역<물환경보전법>		
「토지이용규제 기본법 시행령」 제9조 제4항 각 호에 해당되는 사항				

확인도면

범례
- □ 준보전산지
- ■ 계획관리지역
- □ 소하천구역
- □ 배출시설설치제한지역
- □ 가축사육제한구역
- □ 법정동

작은글씨확대 축척 1 / 1200 ∨ 변경 도면크게보기

[그림 7]

지목은 '전'이네요. 전은 농지, 즉 밭입니다. 면적은 1,008㎡입니다. 평으로 환산해 보면 1,008㎡×0.3025=약 304평 정도 됩니다. 물론 개발행위

허가, 농지전용허가는 득해야 하겠지요. 지목이 전이기 때문에 농지를 개발하고자 하면 농지보전부담금을 납부해야 할 것이니 국고세금을 미리 계산해 보면 약 3,200만 원 정도 되겠더라고요. 면적을 살펴보니 비도시지역 1,650㎡ 미만이므로 개발부담금 대상은 아니고 도시계획심의대상도 아니니 개발업등록도 필요가 없는 3無에 해당하는 토지이네요. 용도지역도 계획관리지역이라 이 지역은 개발을 장려하는 곳이므로 웬만한 건축물은 다 가능할 것 같고요. 다른 법령 등에 따른 지역지구를 살펴보니 「도로법」에 의한 접도구역 없고, 가·감속 공사 대상 아닐 것으로 보이지만 직접 가서 확인은 한 번 더 해봐야 할 것 같습니다.

이제 지적도로 도로를 살펴보니 2차선 이상 도로가 아니네요. 확인해 봐야겠지만 지방도로 보이는 도로에서 갈라져 동네로 들어가는 마을안길로 보입니다. 주변 지목을 살펴보니 근처 '대'도 보이고, 도로가 막혀있지 않고 관통하는 도로로 보이며, 폭은 조금 좁아 보이지만 공로로 지정 공고 되어있을 수 있어 허가가 날것으로 예상됩니다. 하지만 도로의 확인은 반드시 필요해 보이네요. 지목, 용도지역, 다른 법령 등에 따른 지역 지구, 그리고 지적도상으로 확인한 손임장 결과 개발은 무난한 토지였습니다. 다만 현재 통행량이 증가하는 동네도 아니고 특별한 호재나 개발 계획도 없어 제가 좋아하는 단기투자의 관점으로 매수하기에 좋은 토지는 아니었습니다. 굳이 용도를 생각해 보자면 토지의 모양을 고려해서 2개 정도로 분할하고 가든이나 베이커리 카페 등의 근생 용도로 개발은 가능하다면 장기투자로는 생각해 보겠습니다. 하지만 아무리 보고 또 봐도 단기투자의 용도로는 보이지는 않았고, 두고두고 두면 오를 땅으로 보입니다. 이 땅의 손임장을 찬찬히 하다 보니 발임장은 굳이 필요가 없는 토지라고 생각되더군요. 이유인즉슨 제가 좋아하는 단기투자의 토지는 아니라서입니다.

임장 사례 2

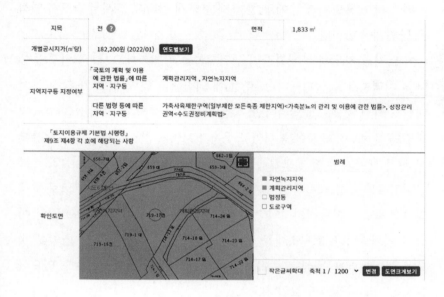

지목	전 ❓		면적	1,833 ㎡
개별공시지가(㎡당)	182,200원 (2022/01) 연도별보기			
지역지구등 지정여부	「국토의 계획 및 이용에 관한 법률」에 따른 지역 · 지구등	계획관리지역 , 자연녹지지역		
	다른 법령 등에 따른 지역 · 지구등	가축사육제한구역(일부제한 모든축종 제한지역)<가축분뇨의 관리 및 이용에 관한 법률>, 성장관리권역<수도권정비계획법>		
「토지이용규제 기본법 시행령」 제9조 제4항 각 호에 해당되는 사항				

[그림 8]

이번 임장지는 경기도 화성시 장안면 어은리입니다.

손임장을 해보니 지목은 '전'이네요. 전은 농지, 즉 밭이고 면적은 1,833 ㎡, 약 554평입니다. 개발을 위해서는 개발행위허가, 농지전용허가를 득해야 하고, 농지보전부담금을 계산해 보니 약 9,000만 원 정도 예상됩니다. 면적을 살펴보니 도시계획심의 대상은 아니고 개발업등록 대상도 아니지만, 비도시지역 500평 이상이므로 건물을 지었을 경우 개발부담금 납부대상입니다. 부지 상태로 매도한다면 건축물 준공 당시의 토지소유주가 부담금의 납부대상이 되기 때문에 가능하면 부지로 매도하는 방향으로 계획을 잡는 것이 좋을 듯합니다. 용도지역을 확인해 보니 '계획관리'와 '자연녹', 두 개의 용도지역에 걸쳐져 있습니다. 한 개의 필지에 두 개의 용도지역이 걸쳐 있는 경우에는 가장 작은 용도지역의 규모를 확인하여야 합니다. 건축제한은 작은 면적의 규모가 330㎡ 이하라면 가장 넓은 면적에 속하는 용도지역 등에 관한 규정을 적용받습니다. 330㎡ 초과라면 각각의 용도지역 등에 관한 규제를 받게 됩니다. 그래서 반드시 면적을 확인해야 합니다.

이 토지의 경우에는 계획관리 행위제한을 따라가네요. 다른 법령 등에 따른 지역지구를 살펴보니 「도로법」에 의한 접도구역 없고 가·감속 공사 대상도 아닌 것으로 보입니다만, 직접 가서 현장 확인은 해야겠습니다. 지적도를 살펴보니 도로에 붙어있고 구거가 보이지 않으니 배수로는 현장에서 직접 찾아봐야 할 것으로 판단됩니다. 땅 모양을 보니 단지 內 도로를 만들고 4분할 정도로 나눠서 개발하면 좋아 보입니다. 단지 內 도로를 제외하더라도 계획관리지역의 건폐율은 40%이므로 바닥면적도 40평 이상이 되겠습니다. 토지경계를 보니 옆 건물 일부의 저촉 부분이 있을 것으로 보이는데 이동식 건물이 아닐 경우에는 허가가 안 날 수도 있으니 현장의 확인이 필요해 보입니다.

현장에 가보니 '손임장 시에 확인이 필요한 것'으로 메모해 놓았던 도로조건, 배수로 조건, 오수관 설치 여부 등은 아주 훌륭하네요. 토지의 위치나 조건으로 보았을 때 유동인구도 많고 통행량도 증가하는 추세이므로 근생이나 다가구 등 용도가 다양해 보입니다. 굉장히 장점을 가진 토지로 매수 후 분할을 하여 부지를 조성한 후에는 단기로 충분히 투자 수익을 기대해 볼 수 있을 만한 땅이라고 판단됩니다. 토목공사비 또한 도로와 구배가 맞아 큰 비용이 들지 않을 것으로 보입니다. 다만 손임장 시 우려했던 식당의 일부 부지가 이 토지에 침범되어있던 건은 명의자를 확인해보니 식당의 토지와 임장지의 소유주가 동일인이므로 충분히 협의가 가능할 것으로 보입니다. 땅을 매수하실 때는 조금의 찝찝함이 없도록 정확한 손임장과 발임장을 통해서 의문이 드는 부분을 다 확인 및 해결한 후에 매수하시기 바랍니다.

임장 사례 3

지목	임야 ❓			면적	2,496 m²
개별공시지가(m²당)	85,700원 (2022/01) 연도별보기				
지역지구등 지정여부	「국토의 계획 및 이용에 관한 법률」에 따른 지역·지구등	계획관리지역 , 소로1류(폭 10m~12m)(접합)			
	다른 법령 등에 따른 지역·지구등	가축사육제한구역(전부제한구역)<가축분뇨의 관리 및 이용에 관한 법률>, 성장관리권역<수도권정비계획법>			
「토지이용규제 기본법 시행령」 제9조 제4항 각 호에 해당되는 사항					

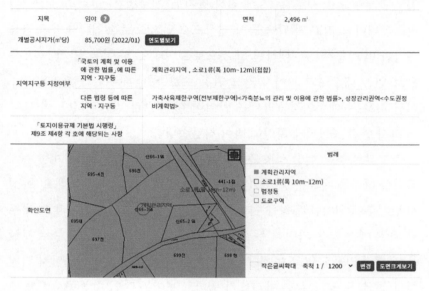

[그림 9]

　오늘은 우정읍 이화리 토지 임장 이야기를 해볼까 합니다. 지목은 임야 입니다. 5개의 원형지 중 하나로 「산지관리법」에 의한 산지전용허가 및 국·계·법에 의한 개발행위허가를 득해야 합니다. 면적은 2,496m², 약 755평 입니다. 대체산림자원조성비를 납부해야 하며 비용은 약 1,800만 원 정도 예상이 됩니다. 면적을 살펴보니 3,000m² 미만으로 도시계획심의 대상이 아니네요. 5,000m² 미만으로 개발업등록대상도 아니고, 비도시지역 1,650m²를 초과하므로 개발부담금 납부대상은 맞습니다. 개발부담금은 건축물 준공 당시의 토지 소유주가 지가차액의 25%를 납부해야 하는 것을 다들 알고 계실 것이라고 생각합니다.

　용도지역을 확인해 보니 계획관리지역으로 개발을 장려하는 곳이기 때문에 웬만한 건 다 건축이 가능하다고 볼 수 있습니다. 건폐율 40%, 용적률 100%로 관리지역 중에 제일 투자가치가 있는 용도지역이라고 말할 수 있겠습니다. 다른 법령 등에 따른 지역지구를 살펴보니 「도로법」에 의한 접도구역이 없고, 시도 2차선에 접한 토지로 「건축법」상 도로의 조건에는 만족합니다. 그리고 가·감속 공사 대상도 아닌 것으로 보입니다. 도로점용허가만 받고 공사를 진행하면 될 것으로 보이네요. 하지만 2차선 도로 쪽으로 인공 배수로가 보이지 않고 현황 도로 쪽에 배수로가 확인됩니다. 이런 경우는 '배수연결동의서'를 받아야 할 것으로 판단됩니다. 이 부분은 다시 한번 꼼꼼하게 확인해 봐야 하겠습니다.

　로드 뷰로 최근 현장 상황을 확인했습니다. 이 토지는 제가 6개월 전에 임장을 다녀올 때와는 달리 현재는 공사가 진행 중으로 확인되네요. 화성시 남서부에 위치한 우정읍 이화리 도로변에 붙은 귀한 물건이라 역시 누가 봐도 예쁜 땅은 가만히 두질 않는군요. 토지의 위치나 조건으로 보았을 때 유동인구도 많고 통행량도 증가하는 추세이고, 일반산업단지 지원시설 핵심지구로 충분한 메리트가 있다고 보이는 땅입니다. 공사비가 조금 들더라도 충분히 수익성이 있다고 판단되는 토지로 저는 이곳의 용도를 마을 안쪽은 다가구, 도로 쪽은 근생으로 개발하면 괜찮다고 생각을 했습니다만, 과연 어떻게 개발이 진행될지 참으로 궁금합니다.

임장 사례 4

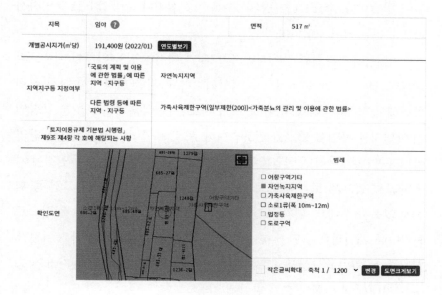

지목	임야 ❓		면적	517㎡
개별공시지가(㎡당)	191,400원 (2022/01) `연도별보기`			
지역지구등 지정여부	「국토의 계획 및 이용에 관한 법률」에 따른 지역 · 지구등	자연녹지지역		
	다른 법령 등에 따른 지역 · 지구등	가축사육제한구역(일부제한(200))<가축분뇨의 관리 및 이용에 관한 법률>		
「토지이용규제 기본법 시행령」 제9조 제4항 각 호에 해당되는 사항				

[그림 10]

이번에는 경상도 경주 토지 임장입니다. 친한 지인분께서 위 부지에 숙박업소를 하면 어떻겠냐고 여쭤보시네요. 그래서 가기 전에 손임장 내용을 적어볼까 합니다. 경북 경주시 감포읍에 있는 토지로 지목은 임야입니다. 주변에 인접한 토지가 대지, 잡종지 등이고 자연녹지지역 토임으로 농지가 아니기에 전용허가비가 농지보다 절감할 수 있는 장점의 토지로 보입니다. 면적은 517㎡로 약 156평입니다. 건폐율 20% 용적률 100%이므로 바닥면적 최대 31평 정도네요. 지인분의 목적대로 작은 펜션 건축은 가능해 보입니다. 일반적인 다가구 모양으로 4층까지 지으면 되겠네요.

로드 뷰로 주변 환경을 살펴보니 카페나 편의점의 용도로도 괜찮아 보입니다. 토목공사 완료된 토지로 보이고 개발행위허가를 받은 것으로 추측되지만, 허가권이 살아있는지 기간 확인하고 건축하면 될 것 같네요.

바다 조망이 나오고 해수욕장도 도보로 갈 수 있는 위치로, 건너편 오토 캠핑장이 잘 운영되고 있고 인근 숙박업소들은 예약이 힘들 정도로 손님들이 많습니다. 수요보다 공급이 부족한 현실이니 숙박업소로 운영하시기에 무리는 없어 보입니다.

토지이용계획확인원 상에서 인접 토지가 대지인 점을 미루어 배수로와 도로 조건 모두 만족할 것으로 예상됩니다. 하지만 현장에서 다시 한번 확인해야 할 것 같네요. 접근 도로가 사도인 것 같은데 도로지분 포함인지 아닌지는 확인할 필요가 있겠습니다. 도로 포함이면 괜찮겠지만, 만약 아니라면 매수를 하면 안 되는 땅입니다. 그리고 2차선 도로에 연결이 가능하면 좋겠지만, 토지와 도로 사이에 솔밭이 있어서 아마도 그건 좀 힘들지 않을까 싶네요. 허가 조건에 있어서도 3無에 해당하는 좋은 땅으로 보입니다. 개인적으로 단기투자로 매수하기에는 적절하지 않아 보이지만, 실거주 목적이나 사업용으로 매입하시는 것이라면 꾸준히 지가가 상승하는 기대해 볼 만한 곳으로 판단됩니다.

06

마무리

지금까지 토지투자의 핵심이라 할 수 있는 임장에 대하여 이야기했습니다. 근본적으로 우리가 토지투자를 통해 진정 원하는 것은 '좋은 땅을 사서 만족스러운 값에 잘 파는 것'일 것입니다. 그런 성공적인 투자를 하기 위해서 사전에 준비되어야 할 부분이 바로 '땅을 잘 보는 법!', 즉 '토지 임장'입니다!

이에 토지 공부와 투자에 관심이 있고 시작해 보려 하시는 분들에게 제 글이 아무쪼록 도움이 되었기를 희망합니다. 토지투자는 결코 부자와 전문가들만이 누리는 투자방식이 아닙니다. 관심만 가지면 누구나 토지로 돈을 버실 수 있고, '돈이 되는 땅'과 '돈이 묶이는 땅'의 구분을 명확히 할 수 있습니다. 토지투자! 생각보다 그리 두려울 것 없는 투자방식이라는 말을 전하고 싶습니다.

한 가정을 이루어 두 아이의 엄마로, 직장인으로 살아만 가도 쉽지 않은 세상입니다. 하지만 현실에만 만족하는 삶보다는 꿈과 좀 더 나은 우리 가족의 미래를 위해서 오늘도 저는 임장을 나섭니다. 삶의 무게가 무거울수록 보람된 인생을 만끽할 수 있다는 말을 곱씹어 봅니다. 뜻이 있는 곳에 길이 있다고 합니다. 여러분들이 생각하는 뜻에 꾸준함을 더해 성공적인 인생으로 이어지기를 멀리서 응원하겠습니다. 감사합니다.

4장

01

앉아서 토지로 돈 버는 방법

내 투자 이야기

3월 28일 1천만 원 출금, 9월 27일 500만 원 입금, 9월 27일 500만 원 원금 입금, 9월 27일 120만 원 수익 입금, 6월 18일 400만 원 원금 입금, 6월 18일 220만 원 수익 입금, 저의 첫 토지투자 이야기입니다. 지금 공개한 제 수익금은 토지 투자한 지 6개월 그리고 1년 2개월 만에 소액으로 번 수익률 30%의 토지투자 결과입니다. 글을 쓰고 있는 2022년 12월 기준으로 저는 토지투자를 시작한 지 21개월째 되는 평범한 직장인입니다. 요즘 뭘 해도 수익 공개가 먼저라고 해서 저도 따라해봤습니다. 이론만 떠드는 사람은 아니라는 것을 알려드리고 현재도 실전 투자를 진행하고 있고, 이를 통해 이 책을 읽고 계신 독자분들과 신뢰를 쌓는 첫 과정일 수도 있겠다는 생각이 들었습니다. 저 또한 책을 읽어도, 유튜브를 봐도 저자와 유튜버가 현재 활동하고 있는 분인지 최근의 사례로 돈을 벌고 계신 분인지 아니면 한참 지난 것을 갖고 이야기를 하시는 것인지를 먼저 따지기 때문입니다.

[사진 1]

[사진 2]

　　신뢰가 아주 조금이지만 생기셨다면 제 이야기를 조금 더 이어 나가겠습니다. 저는 현재까지 10건의 토지투자를 진행했고 그동안 많은 공부와 노력으로 토지개발 강사로도 활동했습니다. 10건의 토지투자 진행 건 중 2건은 토지투자의 전체 과정인 매수부터 매도까지 사이클을 경험했고, 8

건은 토지투자 후 현재 진행형으로 보유 중이며, 이 중 2건의 토지는 상가 건축도 진행했습니다.

여기까지 읽으면 제가 엄청난 부자인 것처럼 느껴지겠지만 실제로는 그렇지 않습니다. 총 10건의 토지투자는 모두 공동투자로 진행했고, 2건의 건축도 공동투자로 진행했습니다. 1건을 제외하고는 모두 소액이라 불리는 5백만 원~3천만 원 정도의 돈으로 투자를 진행했습니다. 책의 서두에서 공개한 실적은 9백만 원의 돈으로 2필지의 토지에 투자해 벌게 된 수익금입니다. 나머지 8건의 토지도 하나씩 사례가 필요할 때마다 왜 투자를 했는지 어떤 이유로 투자했는지 말씀드리겠습니다.

■ 남들이 잘 안 하는 토지개발로 쉽게 돈 버는 방법

무엇이 저를 토지개발의 세계로 인도했는지 아직도 의문입니다. 하지만 경험을 하고 있는 지금 생각해 보면 단기간에 시장 상황과 관계없이 물건 자체만의 가치를 올릴 수 있는 방법인 토지개발을 이용했기 때문에 토지투자에 적극적으로 임하지 않았을까 생각이 듭니다. 토지개발을 이용한 토지투자는 개발이 가능한 비싼 토지를 매입해 토목공사를 통해 건축이 가능한 토지로 변모시켜 가치를 얹어 되파는 방식입니다. 토지개발이 생소하신 분들을 위해 설명해 드리면 다음과 같습니다. 다이아몬드 원석과 같은 토지를 찾고 전문가의 뛰어난 기술로 토지를 가공해 만들어진 값비싼 보석으로 만들어 내는 것과 같은 것이 토지개발입니다.

너무 원론적인 설명이라면 이렇게 이해를 해볼 수도 있습니다. 경매를 해보신 분이라면 낮은 가격에 사서 제값에 팔거나 더 오를 가치가 있는 물건이라면 조금 높은 낙찰가율로 물건을 인수해 본인만의 방법을 더해 비싸게 되팔아 수익을 얻는 것과 유사하다고 이해하시면 됩니다. 한마디로 훌륭한 출구 전략인 것이죠. 토지를 사서 시간이 지나 호재가 생기거나 매수자가 나타날 때까지 기다리는 것은 돈을 투자하고 수익금이 생길 때까지 기다리는 단순 투자자의 투자 방법일 것입니다.

토지개발자는 한 단계를 더 나아가야 합니다. 토지개발은 종합예술이라는 표현을 종종 사용합니다. 토지를 매입하기 전부터 매입을 위해 계약하는 순간, 그 후 토지개발을 위해 꼭 실행해야 하는 개발행위허가라는 부분, 허가 후에 잔금을 치르는 과정, 토목공사를 하는 과정, 보유단계에서 나가는 세금들, 매도를 위한 준비과정과 매도 후 양도세까지 납부해야 모든 토지투자 'one cycle'이 마무리됩니다. 어떻습니까? 하실 수 있겠습니까? 공부해야 할 내용도 많아 보이고, 한 과정씩을 더 파고 들어가면 실무적으로 어떻게 해야 할지 감도 안 오실 겁니다. "천 리 길도 한 걸음부터"라는 말이 있듯이 한 단계씩 공부하면 어느 순간 토지개발자가 되어있는 나의 모습을 발견하실 수 있을 겁니다.

저도 앞서 말씀드렸듯이 공부한 지 21개월밖에 되지 않았고, 모든 투자는 경험을 쌓기 위해 공동투자로만 토지투자를 진행했기 때문에 온전히 혼자서 모든 과정을 경험하지는 못했습니다. 공동투자로 진행된 내용은 직접적으로 혹은 간접적으로 경험한 것들을 모아서 한 단계씩 정리해서 말씀드리려고 합니다. 목표는 이 책을 다 읽고 나서 한 달 안에 내 토지 한 필지를 갖는 것입니다. 준비되셨나요?

▌ 잘 모르고 얻는 수익은 모두 독이다

이 책을 읽고 계시는 여러분께 누군가 이런 제안을 합니다. '저한테 천만 원을 투자하시면 토지를 매입해서 수익률 최소 20%를 챙겨드리겠습니다. 돈만 내시고 2년만 기다리시면 됩니다.' 이런 제안을 받았다면 여러분은 어떤 선택을 하실 건가요? 투자 경험이 있으시다면 의심부터 하고 볼 일입니다만 별다른 투자 경험이 없다면 밑져야 본전이지 하는 마음에 투자를 진행할지도 모릅니다.

　토지투자를 시작한 2년 전 제 모습입니다. 토지투자를 어떻게 시작해야 할지 몰랐고, 설령 알았다 하더라도 투자금이 무척이나 많이 필요한 토지에 투자를 할 수 없었기에 그나마 부동산 투자에서는 소액으로 치는 천만 원을 덜컥 투자합니다. 투자를 하고 실제로 1년 2개월 후에 총 900만 원의 원금 회수와 함께 세후 300만 원의 수익금이 입금됩니다. 수익률 33%입니다. 이렇게 시작한 토지투자는 필지로 세어보니 10개인 줄 알았는데 처음에 투자한 토지에 개발하면서 분할된 제외지가 있어서 어느덧 11필지나 되었습니다. 11필지를 투자하며 처음에는 아무 생각 없이 투자만 하면 되니 쉬웠습니다. 2필지는 위에서 말씀드린 것처럼 수익금도 받아서 투자에 필요했던 가입비는 이미 다시 돌려받은 상태가 되었습니다. 이렇게 쉽게 수익이 생기다니 공동투자가 가능한 집단에 가입한 것이 너무 좋았습니다. 그러다 문득 토지에 대해 진정한 관심을 갖지 않고 배우려고 하지 않으면 안 되겠다는 생각이 들었습니다. 잘 모르고 얻는 수익은 모두 독이 되기 때문입니다.

　그때부터 저는 공동투자 집단에서 진행하는 공동투자 물건을 투자할 때 얼마를 벌 수 있을지가 아닌 한 가지만 생각했습니다. 이 토지에 투자했을 때 무엇을 더 배울 수 있을까를 말입니다. 토지마다 개발자가 개발한 방법을 어깨너머로 배우고, 토지별로 갖고 있는 조건과 특성에 대해 익히며 어떻게 수익까지 이어지는지 소액으로 투자하며 경험을 쌓아가고 있습니다. 투자한 토지를 하나씩 다시 살펴보니 정말 많은 경험이 쌓이고 있다는 것을 느꼈습니다. 특히 투자금이 들어가서 경험하고 있는 필지들은 개발자의 경험, 노하우, 앞으로의 방향성을 배울 수 있고, 공동투자의 경우는 함께 투자를 진행한 분들과 생각과 경험을 나누며 배울 수 있다는 점이 저를 계속 성장시켜 주었습니다. 조금 아쉬운 점은 시기를 놓쳐 투자하지 못한 토지들에 대해 세부적인 내용을 배울 수 없다는 것과 투자금이 모자라 투자를 진행하지 못한 토지들은 이론적으로는 많이 배웠으나 투자하신 지주님들께서 경험하시는 부분은 함께 체득할 수 없어 아쉬움이 남습니다. 제가 좀 욕심쟁이죠?

오늘은 배움에 대해 생각해 보시면 어떨까 싶습니다. 이 책에서도 배울 수 있는 것이 분명히 있으실 것이고, 살아가며 경험하는 모든 것이 배움 그 자체가 아닐까 싶습니다. 저는 토지를 공부하기로 마음먹었던 초기에 생각했던 공동투자에 대한 제 생각과 2년이 지난 지금 투자와 공부에 대한 생각이 많이 바뀌었음을 느끼고 있습니다. 어디선가 봤던 문구 중에 이런 말이 있더군요. "투자자는 기자나 의사와 같은 직업들과 비교했을 때 다음 한 가지 측면에서 뚜렷하게 구분된다. 그것은 학교에서 배울 수 없다는 것이다. 투자자의 무기는 첫째도 경험이고, 둘째도 경험이다." 앞으로도 저는 혼자 능숙하게 토지를 다룰 수 있는 실력을 갖출 때까지 작은 경험들을 하나씩 쌓아 나갈 것입니다. 여러분께서도 경험의 중요함을 이미 알고 계실 것으로 생각합니다. 아무것도 하지 않으면 아무 일도 일어나지 않지만, 시작을 하면 하루하루 성장하는 자신을 발견하게 될 것입니다.

342개의 토지를 개발한 디벨로퍼

[사진 3]

이것만 기억하시면 좋을 것 같습니다. 돈은 언젠가 벌 수 있지만, 그 돈을 버는 주체가 온전한 내가 되어야 한다는 것을 말입니다. 주도적으로 토지개발로 돈을 벌 그날을 꿈꾸며 여러분의 다짐을 종이에 적어 잘 보이는 곳에 붙여놓으시는 것을 추천해 드립니다. 저는 '342개의 토지를 개발한 토지 디벨로퍼'라고 적어두었습니다.

1년 뒤, 5년 뒤, 10년 뒤에 저는 분명 제 목표를 향해 열심히 뛰어가고 있을 것이고, 목표에 한 발짝씩 다가가고 있을 것입니다. 여러분도 지금 바로 실행에 옮겨보시기 바랍니다. 종이 한 장을 꺼내서 여러분의 다짐이나 목표를 지금 바로 적어서 붙여놓으시기 바랍니다. 그리고 다시 책으로 돌아오세요. 잘하셨습니다. 이제 실행력 강한 토지 투자자로서의 첫 번째 발걸음을 저와 함께 시작하셨습니다.

토지에 투자하려면
발품이 먼저다

왜 발품이 먼저인가?

여러분이 토지투자를 하기로 마음을 먹었다면 처음 해야 할 일이 무엇일까요? 강의를 듣거나 토지 관련 서적을 많이 읽거나 인터넷 카페나 유명 토지 블로거, 유튜버들을 찾아서 지식과 정보를 쌓는 것일까요? 저는 투자할 지역을 정하는 것이 최우선이라고 생각합니다. 어느 지역을 투자할 것인지는 한 달, 6개월, 1년 공부해서 정할 일이 아니라는 것입니다. 종이 지도책도 좋고, 인터넷에서 제공하는 지도도 좋고, 스마트폰 지도 어플을 이용해도 좋습니다. 여러분이 마음에 드는 지역을, 시 또는 군 단위까지 정해봅니다. 그냥 느낌으로 찍어도 상관없습니다. 평소에 여러분이 주변에서 들었던 지명을 선택하셔도 됩니다. 어릴 때 살던 지역을 선택하셔도 되고, 토지 이외에 부동산을 투자하셨던 지역도 좋습니다. 가장 중요한 것은 여러분이 잘 알고 있는 지역부터 투자처로 정하고 공부를 시작하는 것이 유리하다는 것입니다.

[사진 4]

저는 토지 투자할 지역을 경기도 화성시로 정했습니다. 경기도에서 발전 가능성이 있는 몇 군데 지역 중에서 토지 가격이 상대적으로 싸고, 제가 거주하고 있던 지역에서 자동차로 1시간 거리에 있었기 때문입니다. 제가 토지투자를 배우기 시작할 때 저보다 먼저 공부를 시작하신 분이 경북 구미에서 화성까지 왕복 6시간을 매주 방문하셨다는 이야기를 듣고 감동을 받아 왜 그렇게 하는지 질문을 하니, 지역을 눈으로 익혀야 투자할 토지를 찾는 데 도움이 된다고 말씀해 주셨습니다. 저에게 토지개발을 알려주신 스승님께서도 처음 부동산을 시작하셨을 때 지도책을 보면서 도로가 있는 곳이라면 구석구석 중개할 대상 지역을 찾아다니며 길을 익히고 토지의 위치를 파악하셨다고 합니다.

두 분의 말씀에 영감을 얻어 저도 매주 주말에 계획 없이 경기도 화성시로 가서 세 시간씩 도로가 있는 곳은 계속 돌아다녔습니다. 한 번, 두 번, 세 번 다니다 보니 어느 순간 내비게이션 없이도 찾아다닐 정도로 길이 눈에 익었습니다. 임장이라 하면 인터넷이 발전하기 전에는 당연히 현장을 직접 가는 것이었지만 요즘은 인터넷과 스마트폰 앱을 이용한 손품이라는 임장 방법을 우선하는 전문가들이 늘어났고, 그들에게 배운 사람들은 손품을 더 중요하게 생각하기도 합니다. 인터넷 지도에서 제공하는 로드 뷰는 직접 현장을 가지 않아도 운이 좋으면 한 달 전의 모습도 볼 수 있기 때문에 편하게 시간을 절약하며 현장을 살펴볼 수 있는 매우 큰 장점이 있습니다. 짧은 시간에 많은 부동산 물건을 확인할 수 있기 때문일 것입니다. 하지만 토지에 투자하려면 지도나 로드 뷰로는 느낄 수 없는 현장감과 도로와 도로로 연결된 지역적인 모습이 모두 생생하게 머릿속에 있어야 실제로 부동산 사무실 또는 각종 방법으로 토지를 소개받을 때 그 토지에 대해 투자 여부 결정에 빠른 판단을 할 수 있습니다.

내가 가보지 않은 모르는 지역이라면 쉽게 투자 결정을 할 수 있을까요? 모르는 지역을 소개받으면 손품으로 볼 수도 있지만, 손품에서 대박의 느낌을 받았다면 당연히 현장을 가보고 싶을 것입니다. 미리 알고 있는 지역이라면 주소만 듣고도 손품으로 보고 토지투자에 필요한 정보를 쉽게 조합해 투자 결정이 바로 가능할 것입니다. '토지개발업자는 비싼 토지를 매입 후 가공해서 더 비싸게 팔 수 있어야 한다. 그러려면 개발업자는 땅을 매입하기가 쉬워야 하는데, 토지이용계획원을 아주 만만하게 전부 다 해석할 수 있어야 한다. 매물로 나온 토지를 토지이용계획원으로 10분 만에 분석하고 어떻게 개발할 것인지와 자금(현금+대출)에 대한 부분까지 30분 안에 판단하고 결정해야 한다.' 제가 배웠던 토지개발업자가 갖추어야 할 기본적 역량입니다. 실전에서 100% 실력을 발휘하려면 분명한 것은 투자할 지역을 잘 알고 있어야 한다는 것입니다. 뉴스 등 그 어떤 정보도 모두 투자에 필요하지만, 여러분이 토지투자를 하시려면 지역을 정하신 후 꼭 그 지역이 익숙해질 때까지 방문하시는 것, 즉 발품이 먼저 실행되셔야 할 것입니다.

임장을 가기 전 준비해야 할 사항

　서점이나 도서관에 가면 쉽게 접할 수 있는 부동산 관련 도서들과 요즘은 유튜브에서도 쉽게 임장에 대한 전문가들의 생각과 그들만의 임장 노하우를 배울 수 있습니다. 저도 많은 전문가분들의 방법을 보고 듣고 정리해서 저만의 임장 방법을 만들었습니다. 여러분들이 임장을 처음 가시거나 임장을 가서 무엇을 해야 할지 모르겠다면 우선은 제 방법을 그대로 따라해 보시고, 부족한 점은 하나씩 채워 나가시는 것도 방법이 될 수 있습니다.

　저는 최근에는 평일 오후 시간에도 임장을 다니지만 주로 주말 새벽 시간에 출발해 첫 번째 임장지에 7시 전에 도착하는 편입니다. 임장을 가기 전에 집중적으로 살펴볼 토지를 세 개 정도 준비합니다. 시 단위, 군 단위로 좋지만 읍, 면이나 동, 리 단위까지 좁혀서 인접한 곳에 위치한 토지라면 이동 거리를 단축할 수 있기에 좋습니다. 여기서 초보자 입장에서 생각나야 하는 질문이 한 가지 있으셔야 합니다. 어디서, 어떻게 임장 갈 토지를 찾을까요? 이 질문에 대한 답은 시간이 날 때마다 해야 할 일은 지도와 친해지는 것입니다. 저는 토지개발을 배울 때 공동투자를 함께 이어나갔고, 교육을 받을 때 선생님께서 알려주신 토지를 먼저 가봤습니다. 그 후 어느 정도 봐야 할 토지에 대해 기준이 생겼고, 기준에 부합하는 토지들을 찾아 임장을 다니고 있습니다. 기본적인 토지에 대한 공부는 훌륭하신 분들께서 집필하신 책과 유튜브 영상, 무료 특강, 유료 강의 등을 통해 익히시는 것을 추천해 드립니다.

　제가 배우고 익힌 기준은 계획관리지역과 자연녹지지역에 있는 2차선 도로변에 있는 원형지입니다. 원형지만 토지개발이 가능한데, 개발을 하려면 토지는 우선 「건축법」상 도로의 조건과 배수로 조건을 만족해야 합니다. 2차선 도로변이라면 이 두 가지 조건을 98% 이상 만족하지만, 2%

는 배수로 조건을 만족하지 못한 토지가 있기 때문에 남겨두었습니다. 부동산 공부를 조금이라도 하신 분이라면 네이버 부동산, 땅야, 디스코 등등 쉽게 매물로 나온 토지를 접할 수 있는 어플들을 활용해 조건을 만족하는 토지를 찾으실 수 있고, 경매 물건도 쉽게 처리할 수 있는 고수의 반열에 계신 분들이라면 경매지, 공매지 등을 통해 조건에 맞는 토지를 찾으실 수 있으실 겁니다. 초보자분들이라면 카카오 맵이나 네이버 지도에서 여러분이 살고 있는 동네를 기준으로 2차선 도로변을 찾아 로드 뷰로 따라가 보시기 바랍니다. 무작정 도로변을 따라가다 보면 이 토지는 '내거 하자.'라고 말하고 싶은 느낌이 오는 토지가 보이실 겁니다. 로드 뷰를 잠깐 끄고 지도에서 지적도 기능을 실행하고 경계를 살펴본 후 지도에서 버튼을 누르면 내 거 하고 싶은 토지의 지번을 확인할 수 있습니다.

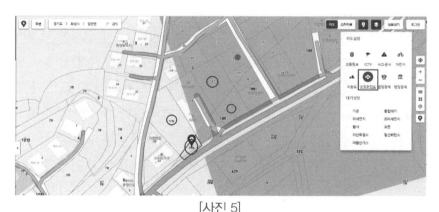

[사진 5]
출처: 카카오 맵(https://map.kakao.com)

지번을 확인하셨다면 지번으로 확인할 수 있는 각종 서류를 먼저 열어보시면 좋습니다. 토지이용계획원(토지e음 사이트), 토지대장, 등기부등본(정부 24시) 등 토지에 대한 기본 정보를 확인할 수 있습니다. 이 서류들에서 얻어야 할 정보들은 「4장, 토지를 5분 만에 분석하는 방법」에서 자세히 설명해 드리도록 하겠습니다.

초보자라면 서류를 보는 것은 나중에 해도 늦지 않습니다. '내 거 하자.'라는 느낌이 오는 토지라면 시간을 내서 무조건 현장으로 가서 만나봐야 합니다. 그래야 보석이 될 토지인지 아닌지 경험으로 아실 수 있기 때문입니다. 미식가는 음식을 엄청 많이 먹어보며 음미하고, 어떤 재료가 들어갔는지 생각하며 이런 과정을 수도 없이 경험해 봤을 것입니다. 그 과정에서 돈이 아까운 음식도 있고, 몇 번을 더 찾아서 먹고 싶은 음식도 맛봤을 것입니다. 우리도 잃지 않는 토지 투자자가 되려면 현장에 대한 감을 익히는 것이 무엇보다도 중요합니다. 이런 감을 타고 나신 분들이라면 이 책 뒤는 더 이상 읽지 않으셔도 됩니다.

마음에 드는 토지를 찾았다면 내비게이션과 지도를 이용해 맛집도 검색해 두시는 것을 잊지 않으셔야 합니다. 토지 임장을 나가면 맛집 체크는 필수입니다. 임장을 마친 후 맛있는 음식으로 나에게 보상을 주는 목적도 있지만, 내가 봐둔 토지 근처에 맛집이 있다면 내가 향후 이 토지에 투자했을 때 맛집을 운영할 분이 이 토지를 매입할 수도 있기 때문입니다. 편의점 자리도 봐두어야 합니다. 뒤에서 설명해 드리겠지만 임장을 갈 때 가장 먼저 인근 편의점에 들러 무언가 사야 하기 때문입니다. 화장실이 급할 때를 대비해 주유소 자리도 알아두면 좋습니다. 이 정도 준비가 되었다면 내 거 할 만한 토지인지 만나러 가도 충분할 것 같습니다.

임장에서 해서는 안 될 행동

참 억울한 이야기를 풀어볼까 합니다. 제가 앞서 매주 토지 임장을 다니고 있다고 말씀드렸죠? 일요일 새벽 7시에 저와 함께 네 명이 함께 임장을 하고 있었습니다. 임장을 하던 토지 맞은편에 농사를 짓고 계시던 사장님이 나타나셨습니다. 사실 맞은편 토지는 비닐하우스 네 동이 지어져 있던 토지로, 그때 당시에는 공부할 대상도 매입할 대상도 아니었습니다. 그런데 비닐하우스 사장님이 말씀을 먼저 걸어주셨습니다. "무슨 일로 오셨습니까?" 저와 당시 일행분들은 당황해서 선뜻 말을 못 꺼냈습니다. 토지를 공부하고 있는 학생들인데 맞은편 토지가 좋다고 그래서 보러 왔다는 얘기로 사장님과 대화를 이어 나갔습니다.

[사진 6]
임장에서 만난 비닐하우스 사장님 자동차

그러다 제가 갑자기 궁금증이 생겨서 사장님께 질문을 드렸습니다. "사장님, 이 토지를 파신다면 얼마쯤 생각하고 계신가요?" 토지 주인분께서 반대로 잠시 생각을 하시더니 "팔 생각이 없고, 판다는 생각을 해본 적이 없습니다."라고 답변을 주셨습니다. 그래서 저는 더 궁금해 져서 "사장님, 그러지 마시고, 혹시나 파신다고 가정하면 얼마에 파실 생각이십니까?"

라고 다시 여쭤봤습니다. 그 사장님은 "120만 원?"이라고 얼떨결에 말씀하셨고, 저는 왜 그 가격에 파실 생각이신지 여쭤봤습니다. 사장님께서는 나름의 이유가 있으셨습니다. 본인 토지는 물려받은 토지고, 그래서 본인이 힘이 될 때까지 농사를 지을 생각이시라고 말씀해 주셨습니다. 사장님의 숭고하신 마음을 천 퍼센트 이해하고 받아들인 저는 "아, 그러시군요!"라며 수긍을 했습니다.

여기서 수긍했다는 의미는 주변 시세와 비교했을 때 매우 낮은 가격을 말씀하셨지만, 비닐하우스가 있던 토지라 공부나 매입은 생각조차 하고 있지 않았기 때문입니다. 그리고 2차선 도로를 두고 반대편 토지에 대한 임장을 이어 나갔습니다. 구거가 있지만 토지 모양이 분할하기에는 입구가 너무 좁고, 안쪽으로 들어갈수록 매력이 떨어지는 토지였습니다. 분할을 해도 도로와 가까운 토지는 잘 팔리겠지만, 도로와 멀게 분할될 토지는 매도가 될지 의문이 들었습니다.

이리저리 살펴본 임장을 마치고 집으로 돌아가기 전에 임장했던 사진을 그 당시 토지투자를 함께하시던 분들과 공유했습니다. 그 방에는 토지 스승님이 함께하고 계셨습니다. 스승님의 반응을 한마디로 정리하면 "이렇게 하려면 토지개발 시작도 하지 말라"고 하셨습니다. 새벽부터 나와서 1시간 넘게 운전해서 도착한 임장길인데 이게 무슨 말인지 이해도 되지 않았고 정리도 되지 않았고, 일요일 새벽부터 들을 말도 아니라고 생각했습니다. 결론은 토지 주인을 현장에서 만나기 매우 어려우니 토지 주인을 현장에서 만나 매도 생각이 있는지 물어보고 그 여부와 상관없이 전화번호를 받으라는 것이었습니다. 사실 그때는 호기롭게 매주 새벽에 임장을 다니고 있었고, 더운 여름이었기에 다음 주에 또 오면 된다는 마음이 강했습니다. 그래서 스승님께서 흥분하고 계셨지만 다음 주에 꼭 전화번호를 받도록 하겠다고 약속했습니다. 결과는 거짓말을 한 것이 되었습니다. 그로부터 정확히 7주 동안 그 토지 인근을 임장하며 수시로 그 토지를 찾아가 봤지만, 토지 주인은 저와 엇갈려서 비닐하우스 안에 농사를 마무리 하시고 댁으로 가셨는지 현장에서 토지 주인을 만날 수 없었습니다. 지금도 후회되는 일 중의 하나입니다. 그 토지에서 대각선으로 맞은편 토지도 임장을 갔을 때는 그 토지 주인분을 세 번이나 만났고, 전직 이장님이셔서 근처 매물로 나온 토지에 대한 정보를 매우 많이 얻을 수 있었습니다.

제가 그랬던 것처럼 여러분들이 임장을 나가셔서 농사를 짓고 계시는 토지주인분이시든 일하고 계시는 분이시든 무조건 친한 척을 하시고 그 동네 토지에 대한 정보를 최대한 많이 물어보시고 요즘 표현으로 '찐친'이 되셨으면 좋겠습니다. 저는 그 일을 계기로 겨울보다는 봄, 여름, 가을 임장을 더 좋아하고 있습니다. 이유는 간단합니다. 날씨가 좋으면 시골에 토지주인들과 이장님을 만나 뵐 수 있기 때문입니다. 이분들을 만나며 뭐가 좋냐고요? 피해는 없냐고요? 일단 전화번호를 받지 않는 행동은 절대 하면 안 된다는 것을 마음속 깊이 새기시고 다음 챕터에서 진행될 내용에 집중해서 보시면 다 알려드리고 익히실 수 있으니 잠시 심호흡하시고 책을 덮으시는 것을 추천해 드립니다.

나만의 임장 꿀팁

[사진 7]
비 오는 날 임장

앞서 말씀드렸듯이 저는 매주 일요일 아침 7시에 임장을 시작합니다. 7시에 집에서 출발하는 것이 아니고, 7시에 임장할 첫 번째 토지에 도착합니다. 토지에 그만큼 진심이고, 토지개발로 성공하고 싶은 마음이 크기 때문에 저 스스로 약속하고 진행하고 있습니다. 현장에서 배우고 느끼고 익힐 수 있는 것들이 임장을 하면 할수록 많다는 것을 배우고 있습니다. 지금부터 제가 임장을 다니면서 직접 경험하고 찾은 세 가지 꿀팁을 말씀드리도록 하겠습니다. 첫 번째 꿀팁은 장화와 생수에 대한 이야기입니다. 하루는 그 전날 밤에 찾은 기가 막힌 토지를 보러 다음 날 새벽에 임장을 갔습니다. 그날따라 안개가 자욱해서 그랬는지 저 풀숲을 헤치고 들어가서 배수로와 공사 여부를 확인하고 나왔더니 신발과 바지가 모두 축축하게 되었고 풀투성이가 되어 손으로도 잘 떨어지지가 않더군요. 차에 타서도 운전석이 더러워지고 집에 도착해서도 현관이 풀투성이가 되어서 뒤처리할 일이 많아졌습니다. 또 하루는 비가 주룩주룩 내리는 날이었는데요. 생각 없이 운동화를 신고 임장을 갔다가 차에서 내리자마자 신발이 쫄딱 젖어버려서 임장 내내 추웠던 경험이 있었습니다.

이런 경험을 하고 난 뒤 제 차 트렁크에는 장화 두 켤레와 2L 생수 한 통이 실려 있습니다. 장화는 무릎까지 오는 것 한 켤레와 정강이 중간 정도 오는 것 한 켤레로 준비했고, 비의 양이나 풀의 길이에 따라 선택해서 갈아 신고 임장을 하고 있습니다. 임장을 마치고 장화에 생수 한 통을 부어 흙과 풀들을 씻어내고 트렁크에 다시 넣어둡니다. 토지투자를 하는 데 있어서 장화가 차에 없으면 토지투자 못 하느냐고요? 그렇진 않지만 임장에 대한 기억이 딱 한 번이라도 좋지 못하면 두 번 다시 안 가실 수 있기 때문에 작지만 장화와 생수 한 병 정도 챙겨두시면 날씨와 현장 상황에 구애받지 않고 임장을 하실 수 있습니다. 운전을 하다 우연히 발견한 좋은 토지를 날씨가 좋지 않다고, 현장 상태가 좋지 않다고 놓칠 수는 없는 일 아니겠습니까? 이건 제 지극히 주관적인 경험과 의견이니 임장 활동하시는 분들은 선택적으로 참고해 보시기 바랍니다.

두 번째 꿀팁은 임장에서 유용하게 활용할 수 있는 '줄자'에 대해 말씀드리겠습니다.

제가 처음 토지 임장을 갔을 때 찍은 사진입니다. 추억이 새록새록 하네요. 지금 이 땅은 개발이 완료되어서 전혀 다른 땅이 되었습니다.

이 사진을 보면서 제가 임장을 처음 갔을 때 스승님께서 강의 때 해주셨던 말씀이 떠올랐습니다. "현장에서 토지의 크기를 눈으로 가늠할 줄 알아야 한다." 무식하면 용감하다고 무턱대고 차에 있던 5m짜리 줄자를 꺼내서 재보기 시작했습니다. 5m, 10m, 20m …. 그러다 갑자기 현타가

오더군요. 이게 뭐하는 짓인가 말이죠. 작은 토지는 몇 번만 하면 되지만 500평, 1,000평이 되는 토지는 어떻게 다 잴 수 있겠습니까? 그래서 생각해 보고 찾아낸 요즘도 활용하는 몇 가지 방법을 알려드리려고 합니다.

[사진 8]
처음 임장 갔을 때 찍은 사진

줄자를 대체할 수 있는 첫 번째는 내 발걸음을 줄자로 활용하는 방법입니다. 저는 현장에 가면 핸드폰에 GPS로 위치를 띄워놓고 발걸음을 새면서 경계를 돌아가며 확인합니다. 확인하기 전에 줄자를 이용해서 본인의 한 걸음의 길이를 재봅니다. 제 한 걸음은 75cm고요, 8걸음이면 6m가 나옵니다. 6m 단지 내 도로가 8걸음이면 딱 떨어지는 것이죠. 사람마다 발걸음과 신발 사이즈가 다르기 때문에 본인의 한 발걸음의 길이를 미리 알고 계신다면 조금은 고되지만 몸으로 토지의 가로, 세로 길이를 측정하실 수 있습니다.

줄자를 대체할 수 있는 두 번째 방법은 주변에 있는 지물을 활용하는 것입니다. 도로변 토지를 보면 흔히 발견할 수 있는 두 가지가 있습니다. 경계석과 전봇대입니다. 경계석은 이렇게 생겼습니다.

[사진 9]
경계석 사진

흔히 인도에 보면 보도블록의 가장자리에 화강암으로 된 길쭉한 돌을 보셨을 겁니다. 이게 경계석이고 길이는 일반적으로 1개에 1m입니다. 경계석이 있다면 개수를 세어보면 길이가 나오겠지요? 요즘 신도시는 전선의 지중화 작업으로 전봇대를 찾아볼 수 없지만, 아직 시골 지역에 임장을 가보면 사진처럼 전봇대가 있습니다. 도로변에 있다 보니 전봇대 간격을 알아두면 거리를 한눈에 알아보는 데 많은 도움이 됩니다. 한국전력에 알아보니 상가 및 번화가의 경우 30m, 도시지역은 40m, 시골 지역은 50m의 간격으로 설치하는데, 현장의 상황에 따라 10m~100m 간격으로 설치한다고 합니다.

위에 보여드린 사진에 있는 전봇대는 20m의 간격으로 설치되어 있었습니다. 만약 전봇대가 이 토지의 경계라면 진입로로 사용할 부분이 20m로 개발하기에 적당하겠네요. 이처럼 현장에서 주변 지물들을 유심히 살펴보시고 나만의 측정 도구로 활용하신다면 한눈에 토지의 크기를 가늠하실 수 있으실 겁니다. 직접 걸어서 측정도 해보시고, 지물을 이용해 가늠해 보시고, 항상 마무리는 지도로 확인해 보시고 토지이용계획원에 나온 면적과 확인해 보면 스윽 봐도 토지가 한눈에 들어올 수 있겠죠?

[사진 10]
전봇대

　　세 번째 임장에서 유용하게 활용할 수 있는 꿀팁은 바로 '음료수'입니다. 매주 일요일 새벽 집에서 출발하면서 처음 보이는 편의점에 항상 들립니다. 임장하면서 만날 수 있는 토지주인, 마을 이장님, 농사를 짓고 계시는 분들께 드릴 음료수입니다. 농한기에는 비도시지역 임장을 가면 사람을 거의 볼 수가 없지만, 농번기에는 새벽부터 나오셔서 농사일을 하고 계시는 지주님들을 쉽게 뵐 수 있습니다. 마음에 드는 토지도 있지만, 지주님들이 계시는 곳은 잠시 차를 세우고 바로 지번 검색과 토지이용계획원을 분석합니다. 땅이 좋으면 더 적극적으로 원하는 토지가 아니더라도 동네 소식을 들을 수 있기 때문에 지주님들께 차에 있는 시원한 음료수 하나를 꺼내 건네드리고 대화를 시작합니다. 농사지으신 지 얼마나 되셨는지, 요즘 주변에 땅 판다고 내놓으신 분은 없으신지 인사만 해도 사람이 그리운 어르신들이 많으셔서 여쭤보지 않은 뜻밖의 정보도 얻을 수 있습니다. 음료수 하나지만 그 가치가 어마어마하게 커질 수 있습니다.

대화를 마치고 항상 하셔야 할 마지막 행동은 대화를 나눈 지주님의 전화번호를 받는 것입니다. 앞에서 전화번호 안 받아서 혼났던 일화를 소개해 드렸었죠? 지금은 그 동네에 갈 때마다 연락드리고 계속 인사를 하다 보면 친해져서 그 동네에 내 땅 하나 생길 수 있기 때문이죠. 저도 처음에는 전화번호 받을 생각도 못 했지만 지금은 토지 임장보다는 사람 찾으러 다니는 임장을 더 하는 것 같습니다. 일요일 새벽에 혼자 다니면 저도 심심하거든요. 지금까지 임장할 때 차에 꼭 두어야 할 세 가지 물건과 임장에서 경험하고 익힌 꿀팁을 알려드렸습니다. 좋은 토지는 결국 친한 사람에게서 얻을 수 있습니다. 친한 사람을 만드는 것은 여러분들이 음료수를 먼저 권하는 그 순간부터 시작이겠죠?

03

알아두면 쓸 데 있는
토지에 대한 잡식들

개발과 관련된 비용들

여러 가지 경로로 개발하기 좋은 땅을 찾았다면 매입을 결정하기 전에
꼭 따져봐야 하는 것이 바로 개발 비용입니다. 부동산 투자를 하는 분 중
초보 시절에 흔히 하는 실수가 물건과 사랑에 빠져서 얼마나 돈이 들어갈
지는 생각하지 않고 일단 일을 저지르고 보는 것입니다. 아무리 좋은 물건
일지라도 내가 투자할 수 있는 범위를 벗어난다면 등기에 잉크가 발라지
기 전부터 지옥이 시작될 수 있습니다.

한 가지 경험을 말씀드려 보면 제가 찾고 있던 토지가 있었는데, 이 토지
는 제가 갖고 있던 좋은 토지의 조건을 모두 만족해서 매수를 결정했습니
다. 괜찮은 가격에 매수하기 위해 부동산 사장님을 통해 매도자와 금액
을 조율하고 있었고, 금액 조정을 하면서 대출을 몇 군데 은행에 알아봤
습니다. 그런데 모든 은행에서 매도자가 제시하는 금액의 30% 수준밖에
대출이 되지 않는다고 했습니다. 물론 매수할 금액이 크지 않아 현금으로

충당 가능했지만, 현금을 매수금액으로 다 써버리면 매수 후 진짜 현금이 필요한 개발 비용과 보유하는 동안 들어갈 이자 비용 등을 충당할 수 없을 가능성도 있었습니다.

실제로 이 글을 쓰고 있는 2023년 1월에 토지 대출 금리는 제2 금융권 기준으로 변동 3개월 6.5~7.2% 수준입니다. 중개를 진행해 주시던 부동산 사장님은 대출 때문에 매수 안 한다는 사람은 처음 봤다며 노발대발하셨지만 제 상황에 맞지 않으면 당연히 멈춰야 하는 것이 맞습니다. 그 누구도 투자에 대한 책임을 대신해 주지 않기 때문에 매수부터 매도할 때까지 지출해야 할 비용을 먼저 따져보고 매수를 진행해야 합니다. 생각하지 못한 변수가 언제든 등장할 수 있기 때문에 투자에 있어서는 보수적으로 생각하고 진행하는 것이 돈을 잃지 않는 투자 방법이라고 생각합니다.

<표1>은 제가 토지를 매입하기 전에 항상 만들어서 따져보는 일종의 사업계획서입니다. 이 사업계획서를 보면 매수부터 매도까지의 과정을 모두 나열해서 계산하고 있다는 것을 알 수 있습니다. 하나씩 살펴보겠습니다. 먼저 취득 비용입니다. 취득 비용에는 토지의 공시지가를 먼저 확인해야 토지를 개발할 때 받아야 하는 개발행위허가 승인 후 납부하는 비용인 국고세금을 정확하게 계산할 수 있습니다.

구분	항목	금액	단위	설명
취득비용	공시지가	6.5	만원	
	매수예정가	1,100,144	만원	120만원
	인허가비	22,558	만원	국고세금
	토목설계비	400	만원	2건
	취등록세	50,607	만원	4.60%
	Total	73,564	만원	평당 8만원
취득비용 Total	대출금액	825,108	만원	70% 대출로 계산
	현금비용	348,600	만원	대출 제외한 필요 현금
공사비	토목공사비	14,808	만원	
	구조물	-	만원	
	여유비용	3,000	만원	보유세포함
	Total	17,808	만원	평당공사비 2만원
합계	현금비용+공사비	366,408	만원	
	1년치이자	66,009	만원	4% 이율
	Total	432,416	만원	
세금계산	매도예정금액	2,475,324	만원	평당 270만원 매도 예정
	양도세과표	1,283,508	만원	
	개인으로 매수시 양도세	510,863	만원	
	법인으로 매수시 법인세	254,702	만원	
예상수익금	개인	772,645	만원	
	법인	1,028,807		
예상수익률	개인	179	%	
	법인	238		

[표 1]

이 비용을 먼저 알지 못하고 매수를 하면 <표1>처럼 2.25억을 국고세금으로 납부해야 할 수도 있습니다. 물론 이 사업계획서를 작성한 토지는 약 3만 제곱미터의 임야입니다. 개발행위허가를 받을 수 있는 지목은 전, 답, 과수원, 임야, 목장용지 등 5개가 있습니다. 전, 답, 과수원을 묶어서 농지라 부르고, 농지의 경우는 농지보전부담금을 납부해야 합니다. 지목이 임야인 산지는 대체산림자원조성비를, 지목이 목장용지인 초지는 대체초지조성비를 국고세금으로 납부하게 됩니다. 이 비용을 계산하는 방법은 <표2>를 참고해 주시기 바랍니다.

지목	국고세금이름	계산방법
전, 답, 과수원	농지보전부담금	공시지가 x 30% x 면적(m²)
임야	대체산림자원조성비	(단위금액 x (공시지가 x 1%)) x 면적(m²)
목장용지	대체초지조성비	단위금액x 면적(m²)

[표 2]

농지보전부담금과 대체산림자원조성비 계산 방법 중 공시지가는 토지이용계획원 등의 서류를 열람하면 확인할 수 있습니다. 대체산림자원조성비 계산 방법에 나오는 단위 금액은 산림청 홈페이지에 매년 1~2월경 고시되는 정보를 확인하면 알 수 있습니다. 대체초지조성비 계산방법에 나오는 단위 금액은 농림축산식품부 홈페이지에 3년에 한 번씩 고시되니 찾아서 계산하시면 됩니다.

공시지가와 인허가비만 해도 알아야 할 지식이 많지만, <표2>만 알고 계시면 90% 이상 알게 되신 겁니다. 다시 취득 비용에서 매수 예정가는 내가 토지를 매입할 가격이고, 토목설계비는 개발행위허가를 받을 때 필요한 각종 서류와 절차를 대신 진행해 줄 토목사무실에 지불할 용역 비용입니다. 거래를 자주 하는 친한 토목사무실이 있다면 비용을 조금 줄일 수 있지만, 처음이라면 두세 군데 정도 의뢰해서 인맥을 쌓아가는 것도 장기적으로는 도움이 될 수 있습니다. 취득 비용에서 마지막으로 취등록세는 매수가격의 4.6%를 납부해야 합니다. 등기를 위한 법무 비용까지 포함한다면 5%로 계산하는 것을 추천합니다.

취득 비용이 모두 계산되었다면 대출받을 수 있는 한도를 알아보고 계산하여 최종 필요한 현금 비용을 산출할 수 있습니다. 이 토지는 약 35억의 현금 비용이 필요했네요. 저도 검토해 보고 돈이 없어서 매수까지는 하지 못한 토지이지만 이런 토지도 경험을 쌓고 돈을 차곡차곡 불려 나가면 많은 비용이 들어가는 토지도 할 수 있는 날이 분명히 올 것이기에 좋은 토지라고 생각한다면 이렇게 사업계획서를 하나씩 작성해가며 바로바로 계산이 될 수 있도록 준비해 두는 것도 큰 도움이 됩니다.

다음은 공사비를 살펴보겠습니다. 우리는 토지를 매입해서 공사를 통해 토지의 가치를 높이는 방법을 사용합니다. 즉 토목공사입니다. 나는 자격증 없어서 할 수 없다고 생각하시는 분이 계신다면 토지개발은 시작하지 않으시는 것이 가난한 인생을 위해 합리적인 선택이 될 겁니다. 자격증 없어도 할 수 있습니다. 토목공사를 전문으로 하는 업체를 찾아서 의뢰하면 됩니다. 단, 내가 필요한 공사의 범위와 공사 후 만들어질 모습에 대해서 끊임없이 이야기해야 제대로 된 공사가 될 수 있습니다. 토지개발에 필요한 공사는 임야나 과수원의 경우는 토지를 깎아내는 절토가 필요하고, 전, 답 등 도로보다 토지가 낮게 형성되어 있을 경우는 흙을 메꾸는 성토가 필요합니다. 성토와 절토는 결국 흙을 옮기는 과정이 필요한데, 비용은 흙을 옮기는 트럭 비용으로 계산하면 됩니다. 물가와 전국의 공사량에 따라 트럭 비용이 달라지긴 하지만 사업계획서를 쓸 때 여유 있게 트럭은 10만 원으로 잡고 트럭에 실리는 흙의 무게를 세제곱미터(m^3) 단위로 환산해서 계산하면 됩니다. 예를 들어 100m^2의 토지에 1m의 성토가 필요하다면 총 100m^3의 흙이 필요합니다. 15톤 덤프트럭 한 대에 9~10m^3가 들어가니 덤프트럭이 최대 12대가 필요하고, 성토 비용으로 120만 원이 필요한 것입니다.

이렇게 필요한 흙의 양을 계산할 수 있다면 토목공사 비용 중 일부를 추측할 수 있습니다. 다만 울퉁불퉁한 상태의 토지라면 성토와 절토 없이 고르게 펴주는 정지 공사를 해주면 됩니다. 이때는 포크레인 비용 정도만 들어갈 것인데 이것도 포크레인 삽의 크기와 일정에 따라 1일에 50~150만 원입니다. 성토나 절토를 할 경우 만들어지는 경사면의 흙이 흘러내리지 않도록 보강토를 쌓아줘야 합니다. 이 보강토를 쌓아줘야 할 경우가 공사비 항목의 구조물입니다. 구조물을 쌓아야 하는 길이와 쌓아 올릴 높이를 곱해주면 제곱미터(m^2)로 환산할 수 있는데 옹벽으로 할 경우 1 제곱미터에 20만 원 정도의 비용이 들어가고, 보강토의 경우는 15만 원 정도 들어갑니다. 이 가격 또한 상황에 따라 바뀔 수 있으니 사업계획서를 만들 때는 최대한 보수적으로 잡는 것이 좋을 것입니다.

구조물에는 배수로 공사 비용도 넣을 수가 있는데, 배수관의 길이와 소재에 따라 가격 차이가 커서 10m에 500만 원 정도로 잡고 정확한 비용은 견적을 내봐야 합니다. 만약 토지 바로 옆에 배수로 역할을 하는 구거가 있다면 구조물 공사비는 거의 들어가지 않습니다. 공사비에 포함된 여유 비용은 공사를 할 때 발생할 수 있는 민원 처리 비용과 토지를 보유할 때 들어가는 재산세와 종합부동산세를 납부할 비용입니다. 마을 한가운데 있는 토지를 매입해서 공사하면 동네 주민들이 시끄럽고 흙 날린다고 엄청난 민원을 제기할 수 있습니다. 적절한 방법으로 공사가 마무리될 때까지 주민들을 설득하고 양해를 구하는 데 들어가는 비용입니다. 이자가 갑자기 높아졌을 때도 여유 비용을 사용하면 급한 불을 끌 수 있기 때문에 여유 비용은 꼭 책정해 두어야 합니다. 공사가 마무리될 때까지 여유 비용을 사용하지 않았을 경우는 이 비용으로 보유세를 해결할 수 있습니다.

여기까지 공사비에 대한 세부 내용이었고, 공사비는 토목공사비와 구조물 공사비, 도로 관련 공사비를 합쳐서 얼마나 나오는지 확인하고 평당 가격으로 환산해서 계산해 두면 매수 비용에 포함되어 매도 금액을 계산할 때 평당 얼마에 팔면 손해는 없는지 바로 아실 수 있습니다. 임장을 가서 공사를 어떻게 할 것인지 공사비는 얼마나 나올지를 예측해 보고 계산하는 습관을 들이신다면 더욱 유익한 임장이 되시지 않을까 생각해 봅니다. 다시 한번 강조하지만, 공사비는 모두 현금 비용이니 경험이 많이 쌓일 때까지는 충분히 여유 있게 예산을 잡아놓는 것을 추천드립니다.

이렇게 구한 공사비와 취득 비용 중 대출을 제외한 현금 비용을 더하고 취득 비용에서 대출금액에 대한 이자 비용을 합산합니다. 이자 비용은 매도를 원하는 시기에 맞춰서 1년, 2년, 3년 이상의 금액을 미리 산정해

놓습니다. 토지뿐만 아니라 모든 부동산 투자에 이렇게 해놓으면 매달 이자 비용을 고민하지 않아도 되고, 위기가 왔을 때 버티는 힘의 근원이 됩니다. 이렇게 합산된 금액이 토지를 매입해서 토목공사를 하고 매도 전까지 보유할 때 들어가는 현금 비용입니다. 예로 들어놓은 사업계획서의 현금 비용이 43억 2천4백1십6만 원입니다. 어마무시합니다. 하지만 마지막에 설명해 드릴 예상 수익금을 보신다면 무릎을 탁 치시거나 물개 박수를 치실 겁니다. 미리 보신 분들은 눈을 못 떼시는 것을 이해합니다. 저도 처음엔 그랬습니다.

보유세에 대하여

개발 비용은 아니지만 참고로 보유세는 토지를 매입해서 보유하는 동안 납부해야 하는 세금으로 재산세와 종합부동산세가 있습니다. 재산세와 종합부동산세는 모두 매년 6월 1일에 보유하고 있다면 내야 하는 세금입니다. 예를 들어 2023년 1월 1일에 매입해서 보유하고 있다가 2023년 5월 31일에 매도(잔금 완료로 등기이전이 된 상태)했다면 2022년 재산세와 종합부동산세는 납부하지 않습니다. 반대로 2023년 6월 2일에 매수(잔금 완료로 등기 이전된 상태)해서 보유하다 2023년 6월 30일에 매도했다고 하더라도 2022년 재산세와 종합부동산세는 납부해야 합니다. 6월 1일 날짜 기준은 꼭 기억하고 계셔야 합니다. 6월 1일 보유하고 있다면 재산세는 9월에 납부하게 됩니다.

토지의 과세종류별로 과세표준금액에 따라 세율이 달라지는데 공시지가와 공정거래가액비율, 그리고 면적에 따라서 토지마다 다르기 때문에 각자 소유한 토지의 과세 종류(종합합산, 별도합산, 분리과세 등)를 먼저 파악하는 것이 중요합니다. 보통 토지 소재지의 관할 세무서나 시청, 군청 등에 전화하시면 자세히 안내받으실 수 있으니 참고하시기 바랍니다. 종합부동산세 역시 토지를 6월 1일 보유하고 있다면 이를 기준으로 매년 12월에 납부해야 합니다. 나대지나 잡종지와 같은 종합합산 토지는 공시지가 기준 5억 원을 초과했을 때 납부 대상이 되며, 개발 후 건물을 지어 사업용 토지가 된 부속토지 등은 별도합산으로 과세대상이 되어 공시지가 기준 80억 원을 초과하면 납부하게 됩니다.

수익 극대화를 위한 얇고 좁은 세금 지식

토지개발을 하실 분들이 주의하셔야 할 것은 토목공사를 마쳤다고 해서 사업용 토지가 되는 것은 아니라는 점입니다. 전, 답, 과수원 등 농지의 경우는 토목공사를 마치고 건축을 한 후 지목이 대나 공장용지 등으로 변경되면 사업용 토지로 되지만, 토목공사를 한 상태라면 농사 여부와 상관없이 분리과세 대상으로 분류되어 종합부동산세 납부 대상에서 제외됩니다. 임야는 공사 여부와 상관없이 종합합산과세 대상으로 종합부동산세 납부 대상이므로 앞서 설명한 농지와 같이 건축 후 지목이 대, 공장용지 등으로 변경되어야 사업용 토지가 되어 별도합산 80억 원 기준으로 종합부동산세 대상이 결정됩니다.

목장용지는 농지와 마찬가지로 분리과세 대상 토지여서 종합부동산세 납부 대상에서 제외됩니다. 토지의 상태와 꼼꼼하신 공무원분들이 세금 부과 업무를 담당하고 계신다면 위에서 설명드린 기준이 바뀔 수도 있으니 토지를 매수하실 때 매도할 토지 소유주분께 재산세와 종합부동산세 납부 금액이 어느 정도 되는지 물어보시는 것도 자금을 준비하는 데 도움이 되실 수 있습니다. 여유 비용을 설명하다가 보유세를 너무 많이 설명 드린 것 같습니다. 제가 전문적으로 세무를 하는 세무사는 아니니 정확한 것은 항상 토지 전문 세무사님께 상담을 받으시는 것을 추천드립니다.

개인vs법인투자 어느 것이 유리할까?

부동산 투자 명의를 개인과 법인 중 어떤 것으로 하는 것이 더 유리할까요? 결국은 대출과 세금의 문제라고 보입니다. 대출은 개인이든 법인이든 신용과 담보 가치에 따라서 변화하는 문제이기 때문에 절대적으로 비교가 불가능하지만 세금은 어느 정도 비교해 볼 수 있습니다. <표1>의 투자 예상 수익금으로 이를 비교해 보겠습니다. 투자 예상 수익금을 설명하기에 앞서 양도소득세 계산하는 방법을 간단히 설명드리겠습니다. 개인으로 매수해서 매도할 경우 양도소득세라 부르고, 법인으로 매수 후 매도할 경우는 법인세를 납부하게 됩니다. 개인 명의 또는 개인 사업자 명의로 납부하는 양도소득세의 경우는 매도 금액에서 매수 금액을 빼고 필요경비 등을 빼면 양도 차액이 됩니다. 양도 차액에서 3년 이상 보유 시 받을 수 있는 장기보유 특별공제와 기본공제 250만 원을 빼면 양도세 과세표준이 나옵니다. 과세표준 금액에 따라 6~45% 누진세율을 적용하면 납부해야 할 양도소득세를 알 수 있습니다.

구분	항목	금액	단위	설명
취득비용	공시지가	6.5	만원	
	매수예정가	1,100,144	만원	120만원
	인허가비	22,558	만원	국고세금
	토목설계비	400	만원	2건
	취등록세	50,607	만원	4.60%
	Total	73,564	만원	평당 8만원
취득비용 Total	대출금액	825,108	만원	70% 대출로 계산
	현금비용	348,600	만원	대출 제외한 필요 현금
공사비	토목공사비	14,808	만원	
	구조물	-	만원	
	여유비용	3,000	만원	보유세포함
	Total	17,808	만원	평당공사비 2만원
합계	현금비용+공사비	366,408	만원	
	1년치이자	66,009	만원	4% 이율
	Total	432,416	만원	
세금계산	매도예정금액	2,475,324	만원	평당 270만원 매도 예정
	양도세과표	1,283,508	만원	
	개인으로 매수시 양도세	510,863	만원	
	법인으로 매수시 법인세	254,702	만원	
예상수익금	개인	772,645	만원	
	법인	1,028,807		
예상수익률	개인	179	%	
	법인	238		

[표 1]

예시로 제시한 사업계획서는 1년 이내에 매도하는 것을 목표로 작성되었기 때문에 개인의 경우 1년 미만 시 55%의 양도소득세를 납부해야 하기 때문에 엄청난 세금이 적혀있습니다. 참고로 1년 이상 2년 미만의 경우는 44%의 양도소득세를 납부하게 됩니다. 법인의 경우는 2023년 기준으로 2억 미만은 9.9%, 2억 이상 200억 미만은 20.9%의 법인세를 납부합니다. 2년 이내의 단기간에 매도할 계획이라면 법인이 세금에서 훨씬 유리하다는 것을 직관적으로 알 수 있습니다. 이렇게 계산된 금액은 개인으로 매수 후 매도할 때 납부하는 양도세의 절반 수준인 것을 확인할 수 있습니다. 계산된 근거는 매도 예정 금액을 얼마로 책정할 것인지에 따라 달라질 것인데 매수 예정가를 120만 원으로 잡았고, 매도 예정 금액을 270만 원으로 평당 150만 원의 차익을 남기는 시나리오로 사업계획서를 작성했습니다. 취득 비용과 공사비를 합치면 평당 약 10만 원의 매수 비용이 추가로 발생하기 때문에 실제로는 140만 원의 차익을 남기는 시나리오입니다.

물론 세무 관련 전문가분들께서 보시기에는 엉터리로 보이실 것이 자명하지만, 매수하기 전 사업계획서를 만들어서 수익이 얼마나 날 것인지 예측하기 위한 방법을 제시하는 것이니 본인의 스타일에 맞게 더 정확하거나 조금은 두루뭉술하게 작성하는 것 중 선택하셔서 진행하시면 됩니다. 실제로 저 가격에 매도가 될 것인지는 알 수 없지만, 최소 얼마에 팔아야 이익이 남을 것이지 수익률은 얼마나 되는지 본인이 투자하는 방식과 목표에 맞는지 확인이 되기 때문에 주변 시세를 살펴보고 유사 사례를 분석해 보는 등 여러 가지 방법으로 사업계획서를 활용해 볼 수 있습니다.

여기서 중요한 것은 컴퓨터로 많은 횟수를 작성하면서 점점 암산이 되도록 체득을 해야 한다는 점입니다. 왜냐하면, 길을 가다가 정말 우연히 마음에 드는 토지를 만났을 때 매수 여부를 바로 결정해야 한다면 컴퓨터가 있는 집으로 달려가 사업계획서를 작성하는 시간에 다른 누군가가 그 토지를 먼저 가져갈 수 있다는 사실을 명심하셔야 할 것입니다. 앞서도 말씀드렸지만 임장에서 하셔야 할 여러 가지 일 중에 공사 비용을 산정하고 얼마에 사서 얼마에 팔면 남을지를 평당 가격으로 계산하실 수 있다면 토지 매입의 의사결정 시간이 매우 단축될 것이라고 생각됩니다. 랜선 임장도 좋고 현장 임장도 좋으니 많은 토지를 보시고 사업계획서, 즉 개발했을 때 얼마나 남는지에 대한 계산을 빠르게 할 수 있는 노력을 꾸준히 해 보시기 바랍니다.

04

토지를 5분 만에 분석하는 방법

토지를 보는 기준은 사람마다 다를 것입니다. 토지 매수를 할 때 어떤 것을 기준으로 하면 좋을지 한 번은 나만의 기준을 갖기 위해 고민을 해보셔야 합니다. 이미 기준이 있으신 분들이라면 제 기준도 말씀드려 볼 테니 여러분의 기준과 비교해 보셔도 좋으실 것 같습니다. 그만큼 이 장에서 다룰 내용은 고급스러운 내용이며, 처음 접하시는 분들은 어려우실 것이지만 꼭 아셔야 하는 내용입니다.

나만의 토지 분석 방법

저는 토지를 볼 때 가장 먼저 이 서류를 열람합니다. 바로 '토지이용계획원'이라는 서류입니다. 토지e음 홈페이지에서 쉽게 열람할 수 있고, 스마트폰에서도 토지e음 어플을 설치하고 토지의 지번만 입력하면 열람이 가능합니다.

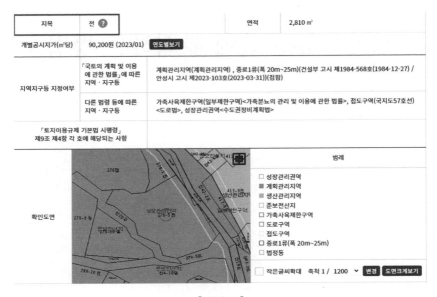

지목	전 ❓			면적	2,810 m²

| 개별공시지가(m²당) | 90,200원 (2023/01) | 연도별보기 | | | |

지역지구등 지정여부	「국토의 계획 및 이용에 관한 법률」에 따른 지역·지구등	계획관리지역(계획관리지역) , 중로1류(폭 20m~25m)(건설부 고시 제1984-568호(1984-12-27) / 안성시 고시 제2023-103호(2023-03-31))(접합)
	다른 법령 등에 따른 지역·지구등	가축사육제한구역(일부제한구역)<가축분뇨의 관리 및 이용에 관한 법률>, 접도구역(국지도57호선)<도로법>, 성장관리권역<수도권정비계획법>
「토지이용규제 기본법 시행령」 제9조 제4항 각 호에 해당되는 사항		

범례

- ☐ 성장관리권역
- ■ 계획관리지역
- ■ 생산관리지역
- ☐ 준보전산지
- ☐ 가축사육제한구역
- ☐ 도로구역
- ☐ 접도구역
- ☐ 중로1류(폭 20m~25m)
- ☐ 법정동

확인도면

☐ 작은글씨확대 축척 1 / 1200 ∨ 변경 도면크게보기

[사진 11]
지목(출처: 토지e음)

　토지이용계획원에서 제가 먼저 보는 것은 지목입니다. 앞에서도 설명드렸지만 저는 토지를 단순하게 매입해서 보유하다가 그대로 매도하는 것이 아닌 개발을 통해서 가치를 높여 매도합니다. 그렇기 때문에 매도가 가능한 토지를 먼저 파악해야 합니다. 그 첫 번째 기준이 지목입니다. 우리나라에서는 지목을 28개로 구분해 놓았는데, 이 중에 개발이 가능한 지목은 전, 답, 과수원, 임야, 목장용지 등 5가지입니다. 이 외의 지목은 개발이 이미 되었거나 개발이 불가능한 지목입니다.

　두 번째로 보는 것이 용도지역입니다. 용도지역은 「국토의 계획 및 이용에 관한 법률」이라고 적혀있는 부분 옆에 첫 번째에 나와있습니다. 우리나라에 있는 용도지역은 총 21개입니다. 용도지역별로 개발 가능한 건축물의 제한이 나와있는데, 토지개발은 결국 건축물을 짓기 위해 하는 것이므로 용도지역에 따라 개발이 가능한 건축물과 불가능한 건축물을 잘 파악하고 있어야 합니다. 각 시도의 「도시계획조례」로 「국토의 계획 및 이용에 관한 법률」보다 더 강화 또는 완화 적용하기도 하지만 일반적으로는 토지이용계획원에 나와있는 것을 우선 파악하시면 됩니다. 저는 용도지역 중에서 도시지역에 속하는 자연녹지와 도시지역이 아닌 비도시지역에 속하는 계획관리지역과 생산관리지역을 매입의 대상으로 삼고 있습니다. 제가 개발할 수 있는 몇 가지 방법들은 이 3가지 용도지역에서 가능하고, 도시지역보다는 상대적으로 가격이 저렴해 선호하고 있습니다.

지목과 용도지역까지 확인했다면 세 번째로 「도로법」과 관련된 내용을 살펴봅니다. 2차선 이하, 2차선, 4차선, 6차선, 8차선 이상 등 도로를 폭으로 구분할 수 있지만 같은 2차선, 4차선이더라도 시에서 관리하는 시도, 일반적으로 도에서 관리하는 지방도, 국도관리청에서 관리하는 국도 등으로 관리 주체에 따라 구분할 수도 있습니다. 이 중에서 「도로법」에 저촉되는 지방도나 국도에 접한 도로들은 토지개발을 할 때 변속 차로 공사를 필수로 해야 합니다. 변속 차로 공사비가 만만치 않기 때문에 변속 차로 공사를 하지 않아도 되는 시도를 찾습니다. 토지이용계획원에 '도로법'이라는 용어가 보이지 않는 2차선 도로와 접해있다면 변속 차로 공사를 하지 않아도 되는 시도의 가능성이 매우 큽니다. 정확한 것은 항상 시청과 군청 등 지자체 도로과에 꼭 문의하고, 토목사무실에도 한 번 더 확인해서 생각하지 않아 준비되지 않은 개발 비용을 추가로 필요하는 일이 없도록 사전에 꼼꼼하게 살펴야 합니다.

네 번째로 확인할 것은 도면에서 매입할 토지 옆에 구거가 있는지 살펴보는 것입니다. 구거가 있으면 개발행위허가의 필수 조건 중 하나인 배수로가 해결되기 때문에 구거가 있으면 배수로 공사비를 아낄 수 있습니다. 이렇게 필수 4가지 사항을 확인하고 제가 갖고 있는 지식을 활용해 몇 가지를 더 확인합니다.

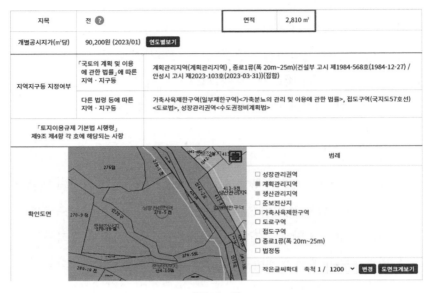

지목	전 ❓		면적	2,810 ㎡

개별공시지가(㎡당)	90,200원 (2023/01) 연도별보기	
지역지구등 지정여부	「국토의 계획 및 이용에 관한 법률」에 따른 지역·지구등	계획관리지역(계획관리지역) , 중로1류(폭 20m~25m)(건설부 고시 제1984-568호(1984-12-27) / 안성시 고시 제2023-103호(2023-03-31))(접합)
	다른 법령 등에 따른 지역·지구등	가축사육제한구역(일부제한구역)<가축분뇨의 관리 및 이용에 관한 법률>, 접도구역(국지도57호선)<도로법>, 성장관리권역<수도권정비계획법>
「토지이용규제 기본법 시행령」 제9조 제4항 각 호에 해당되는 사항		

[사진 12]

면적(출처: 토지e음)

　　지목 옆에 적혀있는 면적에서는 개발 비용과 시간을 절약할 수 있는 방법이 숨어있는데, 천천히 설명드려 보겠습니다. 면적은 몇 가지 숫자를 기억해 두면 쉽게 활용할 수 있습니다. 660㎡, 990㎡, 1,650㎡, 3,000㎡, 5,000㎡, 10,000㎡입니다. 660㎡, 990㎡, 1,650㎡는 개발부담금과 관련 있는 숫자입니다. 개발부담금은 토지개발만 하고 매도하면 생각하지 않아도 되지만, 토지개발 후 건축까지 진행을 생각하신다면 꼭 알고 계셔야 합니다. 개발부담금은 토목공사, 건축 진행, 토목 준공, 건축 준공, 지목변경 순서로 진행되는 일련의 개발과정 중에 지목변경이 되고 나면 원래 전, 답, 과수원, 목장용지, 임야 등의 원형지 상태에서는 비교적 저렴했던 공시지가가 대, 공장용지 등으로 변경되면서 발생한 지가 상승분에 대해 납부하는 세금입니다. 건축물 준공 당시 토지 소유주가 납부하게 되고 지가 상승분의 25%를 개발부담금으로 납부합니다. 단, 앞에서 설명드린

660㎡, 990㎡, 1,650㎡ 이 숫자들을 알고 있으면 개발부담금을 피할 수 있습니다.

용도지역에 따라 이 숫자들을 적용하면 되는데요, 특별시와 광역시의 도시지역인 주거지역, 상업지역, 공업지역, 녹지지역의 토지 면적이 660㎡ 이상이라면 개발부담금 납부 대상이 됩니다. 특별시와 광역시의 도시지역 외 용도지역의 토지 면적이 990㎡ 이상이라면 개발부담금 대상이 됩니다. 마지막으로 비도시지역인 관리지역, 농림지역, 자연환경보전지역의 토지 면적이 1,650㎡ 이상이라면 개발부담금 대상입니다. 개발부담금 기준 면적을 알고 있으면 반대로 이 면적 이하의 토지를 매입해서 건축을 진행하거나 건축을 진행하지 않고 토목공사만 완료된 상태로 매도한다면 개발부담금을 납부 대상이 아니니 신경 쓰지 않아도 됩니다.

한 가지 중요한 것을 더 말씀드리면 이 면적 기준은 개발행위허가 당시 면적이라는 것입니다. 개발행위허가를 받았을 때 면적이 2,000㎡라면 용도지역에 상관없이 모두 개발부담금 대상이 됩니다. 건축할 토지가 필요해서 개발행위허가를 받아 토목공사까지 완료된 토지를 매입한다고 가정해 봅시다. 매입하려고 하는 토지의 면적이 도시지역에 900㎡라면 개발부담금 대상이 아니지만, 이 토지 바로 옆에도 900㎡의 토목공사된 토지가 또 있다면 매도하시는 분께 이 토지 최초 인허가 면적이 얼마였는지 꼭 물어보셔야 합니다. 최초 개발행위허가 인허가 면적이 1,800㎡였고 개발하면서 토지를 분할할 수 있기 때문에 분할 후 면적이 개발부담금 대상이 아닌 것처럼 보이지만, 실제로 건축 후 개발부담금을 납부해야 하는 경우가 있기 때문입니다.

제가 실제로 겪었던 일입니다. 아내가 단독주택을 지어서 마당 넓은 집에서 살고 싶다고 주택부지를 분양한다는 공고를 보고 저한테 얘기해서 토지를 보러 갔었습니다. 임야를 깎아서 계단식으로 만든 부지인데 신도시 주변이라 자동차로 10분 정도 이동하면 병원, 마트 등을 이용할 수 있었고, 아이들 학교도 15분 정도면 걸어서 다닐 수 있을 정도의 입지였습니다. 토지 면적이 660㎡로 200평이었는데 여러 가지를 문의하던 중 갑자기 개발부담금 대상인지 궁금해졌습니다. 분양 상담을 해주시던 분이 흠칫 놀라시면서 개발부담금 대상이 맞다고 말씀해 주셨습니다. 처음 부지를 개발할 때 면적이 비도시지역이었으나 200㎡ 부지 15개를 조성하고 도로까지 합해 가뿐히 1,650㎡를 넘겨 허가를 받아서 대상이었습니다. 이렇게 토목공사를 마친 토지를 부지라고 부르는데 부지를 매입하실 때는 꼭 개발부담금 대상 여부를 매도자에게 확인하시고 매수를 진행하셔야 건축 후에 생각하지 못한 비용을 납부하지 못해 낭패를 보는 일이 없습니다.

서류로 다시 돌아와 면적에 대한 두 번째 개념을 소개해 드리겠습니다. 앞서 660㎡, 990㎡, 1,650㎡, 3,000㎡, 5,000㎡, 10,000㎡를 기억하시고 이 중 660㎡, 990㎡, 1,650㎡는 개발부담금과 관련 있는 숫자라고 말씀드렸습니다. 다음으로 3,000㎡, 5,000㎡라는 숫자에 대해 말씀드리겠습니다. 토지개발을 할 때 어떤 용도로 개발하는지에 따라 면적 제한이 있는 지자체가 많습니다. 수도권은 대부분 3,000㎡라는 면적을 기준으로 도시계획위원회 심의 대상을 정합니다.

도시계획위원회 심의란 무분별한 개발을 막고자 특정 조건 이상인 개발행위허가 건에 대해서는 전문가들이 모여 꼼꼼한 심의를 거친 후 허가를 해주거나 반려하여 허가 조건을 변경 또는 불허가하기도 합니다. 도시발전과 관련된 토목 전문가, 건축 전문가, 환경 전문가 등 다양한 전문가들이 모이는 자리라 도시계획심의위원회를 거쳐 허가를 받으려면 최소 3개월 이상 시간이 소요됩니다. 이미 도시계획심의위원회를 거쳐 허가를 받은 부지를 매입해 다른 용도로 변경하려면 개발행위허가를 다시 받아야 하는데, 이때도 역시 도시계획심의위원회를 거쳐야 해서 매입까지 최소 3개월 이상이 소요될 수 있습니다.

원형지를 개발하는 입장에서도 매수하는 과정에서 보통 개발행위허가 조건으로 매입하는데, 일반적으로 1개월~1.5개월이 소요되는 일반 개발행위허가를 받는 것이 단기 매도 전략을 세우는 데 훨씬 좋습니다. 3~12개월이 소요되는 도시계획위원회 심의를 거치면 그만큼 매도 전략을 수립하는 데 시간을 허비할 수밖에 없기 때문입니다.

　경기도 화성시, 평택시 등은 3,000㎡ 이상의 토지를 근린생활시설 부지로 개발하면 도시계획심의 위원회에서 심사를 받아야 합니다. 비용도 300~700만 원 정도를 더 납부해야 하기 때문에 피할 수 있다면 피하는 것이 좋습니다. 화성시의 경우 5,000㎡ 이상의 토지를 주택부지로 개발할 경우에도 도시계획심의위원회 심사 대상이니 알아두시고 지자체별로 「도시계획조례」에 도시계획위원회 심의 대상 기준이 나와있으니 관심 있는 지역의 지자체 조례를 꼭 미리 확인하시고 공부하신 후 토지를 매입하시기 바랍니다. 시간이 곧 돈이니 도시계획위원회는 피하는 것이 좋지만, 큰 면적을 개발할 경우는 도시계획심의를 피할 수 없으므로 미리 도시계획위원회 심의 일정과 비용을 고려해서 개발 계획을 수립하시는 것이 좋은 전략이라고 할 수 있습니다.

　잠시 초심으로 돌아와 「도시계획조례」를 어떻게 찾는지에 대해 설명드리려고 합니다. 저도 처음 토지 공부를 할 때 책과 강의에서 수도 없이 "조례 찾아보세요", "법령을 꼭 확인하셔야 합니다." 이런 말을 너무 많이 들었지만 실제로는 어디서 어떻게 찾는지 알지 못해 답답했습니다. 이런 답답함을 갖고 계신 분들께는 지금부터 말씀드리는 내용이 고구마 먹은 후 사이다나 동치미 국물을 마시는 기분이 드실 수 있으시길 바랍니다. 토지개발에 필요한 대부분의 정보는 법제처에서 제공하는 국가법령정보센터에서 찾으실 수 있습니다. 인터넷에서 '국가법령정보센터'를 검색하면 나옵니다. 홈페이지에 접속되었다면 제일 위에 메뉴를 보겠습니다.

[사진13]
국가법령정보센터 홈페이지(https://www.law.go.kr)

　「국토의 계획 및 이용에 관한 법률」, 「농지법」, 「산지관리법」, 「초지법」 등 이름만 들어도 벌써 머리가 아파지는 '법령' 메뉴가 있고, '법령' 메뉴 옆에 지자체 조례를 찾아볼 수 있는 '자치법규' 메뉴가 있습니다. '자치법규'를 선택한 후 검색창에 'OO시 도시계획'이라고 입력 후 검색버튼을 누르면 「OO시 도시계획 조례」가 나옵니다. 조례를 클릭하시면 내용을 보실 수 있습니다. 한 번도 안 읽어보신 분이시라면 하루에 1장씩 읽어보시는 것도 토지 공부하시는 데 큰 도움이 되실 겁니다.

　화성시의 경우는 제25조 2항에 명시된 것처럼 도시계획위원회 심의 제외 대상은 '별표 1의 3'에 있습니다. 화성시 도시계획위원회 심의제외 대상에 대해 용도지역과 건축물의 용도별로 면적 규정이 나와있습니다. 제가 현재 살고 있는 평택시의 경우는 주택(10호 이상이면서)과 근린생활시설 모두 3,000㎡ 이상인 경우 도시계획심의를 받아야 합니다. 이젠 법제처에서 제공하는 국가법령정보센터에서 무엇을 찾아봐야 할지 감이 잡히셨다면 이제 실행하실 시간입니다.

　조금 공부를 하신 분들이라면 토지개발 공부를 하다가 '이 내용은 어디에서 나온 것일까?'라는 의문을 품었을 때가 많았을 것입니다. 법, 시행령, 시행규칙들을 찾아보면 되지만 워낙 많은 법이 얽혀있는 것이 토지개발이다 보니 쉽게 찾을 수 없는 경우가 많습니다. 방금 알려드린 국가법령정보센터에서 각종 법과 조례를 찾아보실 수 있다는 것은 이미 알려드렸고, 여기에 행정규칙도 찾아볼 수가 있는데요. 개발행위허가운영지침이 바로 '행정규칙'에 포함되어 있습니다. 국가법령정보센터에서 '행정규칙'을 클릭하시고 '개발행위허가'라고 입력 후 검색하시면 개발행위허가운영지침을 보실 수 있습니다.

개발 행위의 절차부터 「국토계획법」, 「건축법」, 「농지법」, 「산지관리법」, 「초지법」 등 개발 행위와 관련된 내용과 참고해야 할 법 또는 조례를 알려주고 있습니다. 예를 들어 사면(비탈면)이 만들어졌을 때 옹벽을 쌓아야 하는데, 이때 수직으로 5m마다 폭 1m 이상의 소단을 만들어 쌓아야 한다는 내용은 여기에 나와있습니다. 물론 이 내용과 다르게 운영하는 경우도 있습니다. 화성시의 경우는 화성시 도시계획 조례로 수직높이 3m 이상인 경우 폭 1m 이상의 소단을 설치해야 한다고 나와있습니다. 운영지침보다는 「도시계획조례」가 우선하므로 도시계획조례를 따르겠지만, 지자체에서도 개발행위허가 운영지침을 토대로 세부 지침을 수정해 운영하는 것이므로 토지개발 공부를 하실 때 개발행위허가 운영지침도 참고해서 공부하시면 많은 도움이 되실 겁니다.

면적 이야기를 하다가 잠시 초심이 생각나서 알고 계셔야 할 기본적인 내용을 2가지 말씀드렸습니다. 다시 면적으로 돌아와 이제 남은 5,000㎡, 10,000㎡의 의미에 대해 설명드리겠습니다. 여러분이 원하거나 개발하고 싶은 면적은 어느 정도 규모인가요? 자금 여력만 되면 여의도만 한 토지를 매입해서 개발해 보는 게 꿈 아니겠습니까? 그렇게 큰 규모의 개발은 아무에게나 맡기지 않겠죠? 그래서 도입된 것이 부동산 개발업 등록증입니다. 이건 일종의 자격증이지만 시험을 봐서 따는 자격증이 아닙니다. 정해진 조건을 만족해야 받을 수 있는 등록증입니다. 자금 규모와 개발 경력, 그리고 함께하는 직원들의 경력 등을 모두 만족해야 받을 수 있습니다.

지목	전 ?			면적	2,810 ㎡
개별공시지가(㎡당)	90,200원 (2023/01) 연도별보기				
지역지구등 지정여부	「국토의 계획 및 이용에 관한 법률」에 따른 지역·지구등	계획관리지역(계획관리지역), 중로1류(폭 20m~25m)(건설부 고시 제1984-568호(1984-12-27) / 안성시 고시 제2023-103호(2023-03-31))(접합)			
	다른 법령 등에 따른 지역·지구등	가축사육제한구역(일부제한구역)<가축분뇨의 관리 및 이용에 관한 법률>, 접도구역(국지도57호선)<도로법>, 성장관리권역<수도권정비계획법>			
「토지이용규제 기본법 시행령」 제9조 제4항 각 호에 해당되는 사항					

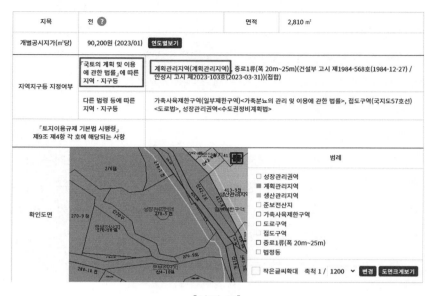

[사진 14]
용도지역(출처: 토지e음)

　부동산 개발업 등록증이 필요한 경우 중 1건에 5,000㎡ 이상, 1년에 개발한 토지의 면적 합산이 10,000㎡ 이상 될 때 필요합니다. 개발행위허가를 받을 때 이 등록증을 가져오라고 하면 면적 기준을 넘어섰다고 생각하면 됩니다. 이 등록증이 없으면 1건에 5,000㎡ 미만, 1년에 개발할 수 있는 면적은 10,000㎡ 미만입니다. 이 정도 규모로도 충분히 많은 개발 경험과 부를 축적할 수 있지만, 이상을 원하는 분들께서는 차곡차곡 경력을 쌓으시면 돈도 모아서 개발업 등록증을 받아 개발하는 방법과 이미 개발업 등록증이 있는 업체와 협업으로 개발을 진행하면 5,000㎡, 10,000㎡ 이 넘는 토지도 개발할 수 있습니다. 여기까지 토지개발에 필요한 면적 중 중요한 몇 가지 숫자와 개발부담금, 도시계획위원회 심의 대상, 부동산 개발업 등록증의 개념에 대해 설명드렸습니다.

　다음은 개별공시지가 아래에 있는 「국토의 계획 및 이용에 관한 법률」

옆에 있는 내용을 살펴보겠습니다. 처음 나오는 것은 용도지역입니다. 지목과 같이 토지를 분류하는 큰 요소입니다. 우리나라의 지목은 28개고, 용도지역은 21개입니다. 용도지역은 분류하기 나름이지만 많이 통용되고 있는 것은 도시지역과 그 밖의 지역으로 도시지역의 앞글자인 '도'를 따고, 그 밖의 지역에 포함된 관리지역, 농림지역, 자연환경보전지역의 각각 앞 글자를 따서, '도-관-농-자'입니다.

도시지역은 크게 네 가지로 다시 분류할 수 있습니다. 주거지역, 상업지역, 공업지역, 녹지지역입니다. 주거지역은 주거용 건물을 지을 수 있는 용도지역으로 세분화하면 1종 전용주거지역, 1종 일반주거지역, 2종 전용주거지역, 2종 일반주거지역, 3종 주거지역, 준주거지역으로 분류할 수 있습니다. 각 주거지역은 건축할 수 있는 건축물의 용도가 정해져 있고 건폐율과 용적률이 다릅니다.

건폐율은 대지면적에 대한 건물의 바닥면적 비율입니다. 쉽게 설명해서 건물과 토지를 하늘에서 바라봤을 때 보이는 토지의 면적과 건물의 면적 비율입니다. 예를 들어 건폐율이 50%라고 하면 100평의 토지가 있을 때 건물의 바닥면적은 50평까지 지을 수 있습니다. 용적률은 대지면적에 대한 건물의 연면적 비율인데, 연면적은 건물의 각 층의 면적을 모두 합산한 면적입니다. 예를 들어 3층 건물이 있는데 각 층의 면적이 50평이라면 연면적은 150평이 됩니다. 용적률이 300%인 100평의 토지가 있다면 건물은 300평까지 지을 수 있지만, 토지가 100평이니 위로 올려야겠죠? 이때 설명드린 건폐율에 따라 건물의 각 층의 면적이 달라지는데 만약 건폐율이 50%라면 1층 50평, 2층 50평, 3층 50평, 4층 50평, 5층 50평, 6층 50평까지 이론적으로는 지을 수 있습니다. 만약 건폐율이 20%라면 1층 20평부터 15층까지 20평으로 이론적으로 지을 수 있습니다. 실제로는 용도지역마다 층수 제한도 있기 때문에 용적률을 모두 적용한 건물을 짓지 못하는 경우도 있을 수 있습니다. 건폐율과 용적률이라는 단어를 처음 들어본 분이라면 책을 덮고 싶은 심정이실 겁니다. 저 또한 같은 상황을 겪어 봤기에 그 심정을 잘 알고 있습니다. 건폐율, 용적률은 크면 클수록 큰 건물을 지을 수 있어서 좋은 것이라는 정도만 기억해 두시면 됩니다. 토지 공부를 계속 이어 나가다 보면 어느 순간 무릎을 탁 치며 정리가 되기 때문에 굳이 지금 다 아실 필요는 없습니다.

다시 용도지역으로 돌아와서 도시지역의 주거지역은 6가지로 세분화된다는 것을 설명드렸고, 도시지역의 나머지 용도지역인 상업지역, 공업지역, 녹지지역을 계속 설명드리겠습니다. 상업지역은 백화점, 병원, 마트 등 우리가 생활하는 데 꼭 필요한 시설을 영업할 수 있는 건물을 지을 수 있는 용도지역입니다. 상업지역은 중심 상업지역, 일반 상업지역, 유통 상업지역, 근린 상업지역으로 분류됩니다. 중심 상업지역의 건폐율과 용적률이 가장 크고, 근린 상업지역의 건폐율과 용적률이 상업지역 중에서는 가장 작습니다.

다음은 공업지역입니다. 공업지역의 전용 공업지역, 일반 공업지역, 준공업지역으로 세분화할 수 있습니다. 모두 건폐율은 70%로 같지만 용적률에서 조금 차이가 있습니다. 공업지역도 투자 가치가 매우 높은 용도지역이니 기억해 두시면 좋습니다.

마지막으로 녹지지역은 보전녹지, 생산녹지, 자연녹지지역으로 나뉩니다. 주거지역, 상업지역, 공업지역은 LH 등에서 택지개발사업으로 토지를 개발해 민간에 분양하는 형태여서 이 책에서 다루고 있는 개인의 토지개발방법과는 차이가 있습니다. 건물을 지어야 원형지의 지목이 '대' 등으로 변경할 수 있는 반면 택지개발사업으로 개발된 토지는 건물이 없어도 지목을 '대' 등으로 변경해 분양합니다. 그래서 분양받은 후 토지개발절차 없이 바로 건축이 가능하다는 장점이 있습니다. 이렇게 택지개발을 하기 전의 용도지역이 녹지지역입니다. 녹지지역을 주거지역, 상업지역, 공업지역으로 업그레이드시키는 작업을 하기 위해 지구단위계획을 수립할 때 같은 도시지역에서 도시지역으로 종상향이 되는데 이를 1종 지구단위계획이라고 부릅니다. 1종 지구단위계획을 수립할 수 있는 용도지역은 녹지지역이니 기억해 두시면 좋습니다.

　택지개발사업 과정을 살펴보면 도시지역 중 주거지역, 상업지역, 공업지역이 인구의 증가 등으로 팽창 압력을 받게 되면 그 주변을 둘러싸고 있는 녹지지역의 땅을 수용해 1종 지구단위계획을 수립하고 택지개발사업을 시행하는 것입니다. 녹지지역은 건폐율은 20%, 용적률은 80~100%로 다른 도시지역보다 낮은데 그 이유 중 하나는 아직 개발되지 않은 녹지지역을 수용해 팽창하는 도시를 주거지역, 상업지역, 공업지역으로 만들기 위함입니다. 이때 발생할 수 있는 문제가 바로 보상입니다. 토지를 수용하려면 원래 주인들인 개인들에게 토지에 대한 보상을 해주어야 합니다. 만약 토지 위에 상업지역처럼 밀집도 높은 건물들이 가득하다면 토지뿐만 아니라 이 건물들도 보상을 해주어야 합니다. 보상비용이 엄청나서 설령 수용한다고 할지라도 이 토지를 개발해 분양할 때 고스란히 분양받는 사람들에게 비용이 전가될 것입니다. 이런 이유로 녹지지역은 건물 자체를 짓지 못하게 하든지 건물을 지어도 보상을 최대한 적게 하기 위해 건물을 낮고 작게 건축하라는 뜻으로 건폐율과 용적률을 낮게 주는 이유도 있습니다.

　녹지지역은 보전녹지, 생산녹지, 자연녹지 등으로 세분할 수 있는데 보전녹지의 지목은 주로 임야이고, 생산녹지와 자연녹지의 지목은 주로 전, 답 등입니다. 앞서 녹지지역에 건폐율 20%, 용적률 80~100%를 주고 건물 자체를 짓지 못하게 한다고 말씀드렸는데요. 보전녹지의 경우 임야가 대부분이기 때문에 보전산지로 지정해 개발 자체를 못하게 하고, 생산녹지와 자연녹지는 농업진흥구역 등으로 지정해 개발 자체를 하지 못하게 할 수 있습니다. 자연녹지의 경우 지자체마다 다르지만 녹지 중에서는 그래도 개발을 장려하는 쪽에 속해 농업진흥구역 등의 지정이 되어있지 않은 경우가 더 많습니다. 이런 제재는 토지이용계획원의 '다른 법령에 따른 지역지구 등'에 기재되어 있으니 이 부분도 꼭 확인하셔야 합니다.

여기까지 용도지역 중 도시지역에 대한 설명을 마쳤습니다. 토지개발의 관점에서 도시지역의 용도지역을 정리해 보면 주거지역, 상업지역, 공업지역은 이미 택지개발사업 등으로 토지개발이 완료된 용도지역이기 때문에 토지개발의 여지가 없어 투자 대상이 되지 않습니다. 녹지지역은 개발이 아직 되지 않아 투자의 대상이지만 보전녹지, 생산녹지 등은 개발을 막는 보전산지, 농업진흥구역 등으로 지정되어 있는 경우가 대부분이기 때문에 이 또한 토지 개발하는 사람 입장에서는 피해야 할 용도지역입니다. 결론은 도시지역에서 토지개발이 가능한 용도 지역은 자연녹지인데, 제가 조사한 전국의 자연녹지 중 5%를 제외하고는 모두 개발이 가능한 상태이므로 토지개발을 하시려면 도시지역 중에서는 자연녹지를 우선순위로 찾아보는 것을 추천드립니다.

다음은 도시지역 외인 관리지역, 농업지역, 자연환경보전지역에 대해 설명드리겠습니다. 관리지역이 설명해 드릴 것이 가장 많고 중요해 나중에 설명드리기로 하고 자연환경보전지역 먼저 설명드리겠습니다. 자연환경보전지역은 4대강과 같은 자연경관이 수려하고 희귀 동물, 식물 등이 서식하고 있어 그 주변을 보전하기 위해 지정한 용도지역입니다. 특별한 경우에 토지개발을 해서 건축이 가능하도록 건폐율과 용적률이 제시되어 있으나 극히 한정적인 경우로 처음 토지 개발하는 입장에서는 피하시는 것이 좋을 것 같습니다. 저는 이 용도지역의 개발을 해본 경험이 없어 어떠한 이유로 자연환경보전지역의 토지를 갖고 계신다면 인터넷에 이 용도지역의 개발 사례가 몇 개 올라와 있으니 찾아보시고 개발을 진행해 보시는 것을 추천드립니다.

다음은 농업지역입니다. 농업지역은 과거 절대농지라고 불렸던 지역으로 농업진흥구역으로 지정되어 농사를 장려하는 지역입니다. 토지개발을 제외한 투자에서는 이 농업지역을 매입해 시간이 흐르고 흘러 절대농지로 묶는 농업진흥구역이 해제되거나 국가 주도로 진행되는 도시개발사업으로 토지가 수용되는 등의 일이 일어나지 않는 한 농사만 지을 수 있기 때문에 토지 개발하는 입장에서는 굳이 매수할 이유가 없는 용도지역입니다. 이 책에서는 다시 말씀드리지만 토지개발의 관점에서 토지를 보고 있기 때문에 다소 무 자르는 듯이 이건 좋고 저건 안 좋다는 식의 불쾌할 수 있는 내용이 있더라도 토지개발이 되고 안 되고의 관점이기 때문에 이 관점으로 이해해 주시고 책을 읽어주시면 좋을 것 같습니다. 농업지역을 투자하시려는 분들은 지목이 대부분 전, 답이기 때문에 농취증(농지취득자격증명원)을 발급받으셔야 하는데요, 2021년에 LH 사태가 터지면서 농지 취득에 대한 절차가 강화되어 농취증 발급이 매우 까다로워졌습니다. 물론 다른 용도지역에서도 전, 답, 과수원 등의 농지를 취득하기 위해서는 농취증 발급은 필수 사항입니다. 잠깐 농취증에 대해서 살펴보고 넘어가겠습니다.

우선 농취증을 발급받으려면 토지 소재지의 동, 읍, 면 행정복지센터에 방문해 발급 신청하는 방법과 '정부24' 사이트를 이용해 인터넷으로 신청하는 방법이 있습니다. 토지의 면적이 1,000㎡인지에 따라 농취증 취득 목적을 농업경영과 주말 체험 영농 목적으로 나눌 수 있는데, 「농지법」이 강화되기 이전에는 사실상 특별한 심사 없이 발급받을 수 있었지만, 「농지법」 강화 후에는 심사 기준이 까다로워져서 발급 목적과 상관없이 농업계획서에 구체적인 영농계획을 작성해야 합니다.

농업경영계획서에는 영농경력과 영농거리를 의무적으로 작성해야 하며, 증명 서류도 갖추어야 합니다. 농지를 공동소유하기 위해서는 영농계획서에 공유지분 비율과 각자 취득하려는 토지 위치를 기재해야 하며 의사가 합치된 것을 증명하는 약정서와 도면도 함께 제출해야 합니다. 1,000㎡ 이상의 농지를 취득할 경우 농업진흥구역 등으로 지정된 절대농지의 경우는 농지위원회 심사 대상으로 분류될 수 있고, 심의 기간이 최대 14일까지이므로 잔금 기일 등 사전에 취득 일정을 수립해서 적절한 시기에 신청해야 합니다. 요즘은 인터넷 발급이 가능해져 경매로 농지를 취득하려는 경우 입찰 전에 농취증을 먼저 신청하고 낙찰 후 바로 농취증을 제출하는 방법을 사용하기도 합니다. 패찰했을 경우에 농취증은 휴지통으로 보내면 되기 때문에 미리 신청하는 것도 경매로 농지를 취득할 때 취득일시를 당길 수 있는 방법이 될 수 있습니다.

농지를 취득한 후에는 지자체가 매년 소유 및 이용 실태를 조사하기 때문에 농번기에는 꼭 농작물을 심고 농지대장을 등록해 농지를 이용하고 있다는 증거를 남겨두는 것이 좋습니다. 개발하지 않을 농지는 8년 이상 자경과 재촌 요건을 갖추면 사업용 토지로 인정받아 양도소득세 중과세를 피할 수 있기 때문에 자경의 증거를 모아두시는 것이 좋습니다.

다시 용도지역으로 돌아와 농업지역은 이처럼 농지 취득을 위해 농취증이 필수이므로 꼭 알아두셔야 합니다. 이 책에 기록된 농취증 관련 내용이 언제든 변경될 수 있기 때문에 농지 취득하기 전에 농취증 관련된 내용은 꼭 공부하시고 토지투자를 진행하시기 바랍니다. 농업지역 관련해서 한 가지 경험을 말씀드리면, 도로를 중심으로 한편은 개발이 가능한 용도지역인데 반대편은 농업지역이었습니다. 도로 맞은편이 개발이 가능한 용도지역이라서 농업지역도 곧 반대편 용도지역과 같이 질 것이라는 말을 듣고 투자를 할까 하다가 돈이 모자라 하지 못했는데요, 7년이 지난 지금까지도 농업지역이라는 안타까운 사실이 있습니다. 이처럼 용도지역이 언제 종상향될지는 아무도 모르기 때문에 현재 토지의 용도지역이 개발 가능한 지역인지로 투자 여부를 판단하는 것이 보다 나은 선택이 될 수 있다는 것을 배웠습니다.

다음은 관리지역을 살펴보겠습니다. 관리지역은 드릴 말씀이 가장 많은 지역입니다. 보전관리지역, 생산관리지역, 계획관리지역으로 녹지와 같이 3가지로 구분되는데 앞 글자들만 보면 보전녹지, 생산녹지. 자연녹지, 보전관리지역, 생산관리지역, 계획관리지역 중 자연과 계획만 다르고 보전과 생산은 같은 것을 확인할 수 있습니다. 그래서 많이 혼동될 수 있습니다. 하나씩 살펴보겠습니다. 먼저 보전관리지역입니다. 보전관리지역은 주로 임야가 많은 지역입니다. 산림을 보전하기 위해 도시지역이 아닌 비도시지역 중 관리지역으로 분류해 놓은 지역입니다. 개발이 안 되는 것은 아니지만, 보전녹지와 같이 보전산지로 묶여있는 곳이 많으니 꼭 확인해야 합니다. 보전관리지역 중 개발이 가능한 토지는 주로 주택과 요양병원 등의 용도로 개발이 가능합니다.

생산관리지역은 주로 농지가 많은데 생산녹지와 비슷하게 농업진흥구역으로 묶여있는 곳이 간혹 있습니다. 생산관리지역은 1,000㎡ 이하로 개발할 경우 주택과 1종 근린생활시설로 개발이 가능하고, 제가 좋아하는 고물상으로 개발이 가능합니다. 수도권은 고물상으로 개발할 수 있는 지역이 드물어 이미 고물상으로 개발된 토지가 제법 비싸게 거래되는 경우가 있어 생산관리지역을 매입해 고물상으로 개발하는 것도 좋은 개발 방법이 될 수 있습니다.

마지막으로 관리지역의 꽃이라고 불리는 계획관리지역입니다. 계획관리지역은 아파트를 제외하고는 거의 모든 용도로 개발이 가능한 지역입니다. 아주 가끔 특정 지자체 조례로 공장을 제한하는 경우를 본 적이 있지만, 토지개발을 하는 입장에서는 가장 매력적인 용도지역입니다. 보전관리지역과 생산관리지역에 비해 계획관리지역의 토지가 더 비싼 이유이기도 합니다. 전원주택을 지어 거주를 원하는 실수요자 입장에서는 상대적으로 토지의 가격이 저렴한 보전관리지역이나 생산관리지역의 토지를 매입하는 것이 좋지만, 투자자 입장이라면 상대적으로 비싸더라도 앞으로 발전성이 더 큰 계획관리지역의 토지를 매입해 개발하는 것이 더 큰 수익을 얻을 수 있을 것이기에 저는 계획관리지역의 토지를 선호합니다. 특히 지구단위계획을 세울 수 있다는 큰 장점이 있습니다. 지구단위계획? 어디서 들어보셨죠? 자연녹지 설명드릴 때 주거지역, 상업지역, 공업지역으로 종상향시킬 수 있는 용도지역이 자연녹지이고, 도시지역에서 도시지역으로 종상향이기 때문에 1종 지구단위계획이라고 말씀드렸습니다. 계획관리지역은 도시지역이 아닌 비도시지역이기 때문에 자연녹지를 거쳐 주거지역, 상업지역, 공업지역으로 종상향되는 것이 순서인데, 지구단위계획을 수립하면 자연녹지 과정을 건너뛸 수 있어 계획관리지역에 수립하는 지구단위계획은 2종 지구단위계획이라고 부릅니다. 도시지역으로 만들면 토지의 가격이 말씀 안 드려도 엄청나게 뛰겠죠? 토지 개발자라면 누구나 꿈꾸는 최고의 경지라고 할 수 있습니다.

이제 모든 용도지역을 토지 개발 관점에서 설명해 드렸습니다. 정리해 보면 도시지역에서는 자연녹지, 도시지역 외 용도지역에서는 계획관리지역과 생산관리지역을 선택해 토지 투자와 개발을 진행하시는 것을 추천 드립니다. 지목과 연결해 보면 자연녹지, 계획·생산관리지역에 있는 전, 답, 과수원, 임야, 목장용지를 매입하면 개발이 가능하니 이렇게 하나씩 공부하시면서 각자 원하는 토지의 조건을 추가해 나가신다면 본인에게 맞는 토지 투자 방법을 찾으실 수 있을 겁니다.

분석할 때 꼭 체크해야 할 5가지

토지이용계획원으로 알 수 있는 공통적인 내용을 설명드렸습니다. 지금부터는 개발을 위해 매수할 토지를 분석할 때 꼭 체크해야 할 5가지에 대해 말씀드리려고 합니다. 토지이용계획원에서 5가지 중 이미 3가지는 설명해 드렸습니다. 지목, 면적, 용도지역이 그것입니다. 토지이용계획원

설명이 매우 지루하고 어렵게 느껴지실 수 있지만 무조건 알고 계셔야 할
내용이니 몇 번이고 이해가 될 때까지 읽어보시는 것을 추천해 드립니다.
여기에 개발을 위해 개발행위허가를 받을 때 필수요건인 도로와 배수로
를 꼭 체크하셔야 합니다. 도로와 배수로는 개발행위허가를 받고 건축을
하기 위해「건축법」에 규정된 내용입니다.

[사진 15]
도로

「건축법」상 도로는 사람과 자동차가 통행할 수 있는 폭 4m 이상의 도
로 또는 예정 도로입니다. 핵심은 모양새가 사람과 자동차가 드나들 수 있
는 누가 봐도 도로 역할을 하는 모양이어야 하고, 도로의 길이가 아닌 폭
이 4m 이상이어야 합니다. 현장에 갔을 때 5m짜리 줄자를 챙겨서 폭을
측정해 봐도 되지만, 저 같은 경우는 제 걸음 폭으로 가늠합니다. 제 걸음
폭으로 4m의 도로는 다섯 걸음 반 정도 되고, 6m의 도로는 정확히 8걸

음입니다. 이렇게 걸음으로 도로 폭이나 토지의 길이를 가늠해 볼 수도 있으니 본인의 걸음을 잘 파악해 두는 것도 임장 갔을 때 도움이 됩니다.

또 하나 주목해야 하는 것은 예정 도로도 「건축법」상 도로의 요건인데 예정 도로는 토지를 수용해 공사를 통해 도로로 만들어진다는 것입니다. 즉, 현재는 도로의 모습이 아니지만 내가 매수할 토지 주변 지적도를 봤을 때 도로 예정이 있다면 적극 매수할 수 있습니다. 왜냐하면, 현재는 맹지이거나 폭이 작은 도로의 경우 도로가 생기거나 폭이 넓어지면 그만큼 사람과 자동차의 통행량이 늘어나고, 그만큼 토지의 가치가 높아지기 때문입니다. 다만, 예정도로로 개발행위허가를 낼 수는 있으나 공사 후 준공을 진행할 때까지 도로의 모습이 갖추어져 있지 않으면 준공을 받을 수 없다는 것은 꼭 기억하셔야 합니다.

개인적으로 도로가 토지의 가치를 판단하는 데 가장 중요하다고 생각합니다. 사람들이 선호하는 도로의 폭과 모양이 있고, 자동차가 다니기 좋은 도로가 따로 있어서 그 토지에 인접한 도로의 모양과 폭에 따라 토지의 가치가 달라집니다. 여기서 모양이라고 하는 것은 도로의 위치와 주변 환경을 의미합니다. 가령 폭 4m의 도로 조건이라도 농로라면 분명 그 토지는 생산녹지, 농업지역, 생산관리지역의 용도지역일 확률이 높습니다. 농로라는 것은 양옆에 답으로 둘러싸여 있어 그곳을 찾는 사람들은 농부일 것입니다. 몇 분 안 오시겠죠? 만약 압구정동에 있는 4m의 포장된 도로라면 어떨까요? 사람들이 이미 많이 모여 사는 지역이고, 핫 플레이스라서 외지인들의 방문도 잦습니다. 큰 도로뿐만 아니라 4m의 골목길도 건물들로 둘러싸여 있고, 사람도 차도 많이 통행하는 도로일 것입니다. 그래서 주변 지인들이 토지를 분석해 달라고 할 때 도로가 없는 맹지는 무조건 제외하라고 합니다. 현장에 도로가 있는데 맹지라니 무슨 말이냐, 너 토지 분석 제대로 할 줄 아는 것 맞느냐 등등 많은 이야기를 듣기도 하지만 지적도를 볼 줄 안다면 쉽게 맹지 여부를 판단할 수 있습니다. 지적도에 '도'라고 써있는 것이 도로입니다.

현장에는 도로가 있으나 실제로는 전, 답인 경우도 많습니다. 이를 현황 도로라고 부릅니다. 현황 도로는 과거부터 누가 만들었는지는 모르지만 많은 사람과 자동차가 이동하면서 자연스럽게 생긴 도로를 말합니다. 현황 도로로는 허가가 나지 않으니 꼭 도로인지 살펴보아야 합니다. 지적도에는 나와있지 않은 아주 드문 도로가 있는데, 「건축법」상 도로로 지자체장의 명령으로 지정된 도로가 있을 수 있습니다. 보통은 「건축법」상 도로로 지정 공고되면 지적도도 바뀌지만, 지적도가 변경되는 데 시간이 걸리는 경우도 있어서 현장에 포장된 도로가 있다면 지자체에 한 번쯤은 확인해 볼 필요도 있습니다.

지목은 도로인데 도로를 관리하는 주체에 따라서 국가(보통 도로유지사무소에서 관리)에서 소유하고 관리하는 국도, 지방도, 시도 등으로 나눌 수 있고, 개인이 필요해서 만든 사도가 있습니다. 개발할 때 국도, 지방도, 시도는 국가에 도로점용허가를 받아 소정의 사용료를 내면 허가를 받을 수 있지만, 사도의 경우는 사도권자의 동의가 필요한 경우가 많습니다. 사도의 경우는 원칙적으로는 사용하려면 사도권자의 동의서를 받아야 하지만 통행을 할 경우는 그렇지 않고 개발행위허가나 포장된 사도를 뜯어내 그 아래 관을 묻어야 하는 등 내 소유의 토지의 가치를 높이기 위한 공사를 진행할 때 필요합니다.

여기서 생각해 봐야 할 것이 동의서를 쉽게 내줄 것인가 하는 문제입니다. 내가 사도권자인데 모르는 사람이 와서 동의서와 인감증명서를 떼 달라고 하면 여러분은 그냥 내어주실 건가요? 무언가 대가를 요구하지 않겠습니까? 실제로 이 사도를 이용해 도로 장사를 하시는 분들이 있는데, 유튜브에서 경매하시는 분들이 도로를 매입하는데 이 도로를 매입하는 이유가 도로와 붙어있는 토지를 맹지로 만들어 도로를 매입하지 않으면 안 되도록 하는 방식을 설명하는 경우를 보신 적 있으실 겁니다. 이런 사례가 도로 장사로 볼 수 있습니다. 법의 테두리 안에서 하는 것이니 그분들을 비난할 의도는 전혀 없습니다.

내 땅이 맹지가 될 경우에 인근 토지주에게 통행을 목적으로 도로를 만들어 달라고 요구할 수 있는데, 이것이 주위토지통행권입니다. 주위토지통행권은 맹지가 갖는 권리입니다. 인근 토지를 지나야만 도로와 만나 통행이 가능할 경우 인근 토지주에게 폭 3m까지 도로로 사용할 수 있도록 요구할 수 있습니다. 갑자기 내 땅의 일부를 도로로 사용하겠다고 하면 황당하겠지만 소송으로 가도 「민법」에서 보장하는 권리이기 때문에 주위토지통행권을 주장하는 사람이 있다면 적당한 선에서 협의해서 도로를 내어 주는 것이 서로에게 좋습니다. 물론 도로로 이용할 부분의 도로 개설 비용과 토지에 대한 피해보상금은 맹지 주인이 부담해야 합니다.

도로에서 또 한 가지 아셔야 하는 부분은 지역권인데, 지역권은 앞서 설명한 토지사용승낙서의 일회성을 보완하기 위해 만들어진 법적 장치입니다. 지역권 설정을 요청하는 땅을 요역지, 승낙해 주는 토지를 승역지라고 부릅니다. 쉽게 설명해서 맹지는 요역지고, 도로를 내어줘야 하는 토지가 승역지입니다. 승역지의 토지주가 바뀌더라도 등기부등본에 지역권 설정이 되어있다면 맹지 주인은 바뀐 승역지 토지주에게 토지사용승낙서를 다시 받아야 하는 번거로움과 금전적 부담을 없앨 수 있습니다. 지역권도 사실 설정해 주기를 껄끄러워 하기 때문에 지분으로 승역지 토지를 일부 매입해서 사용하시는 것이 가장 실무에서는 깔끔한 방법이니 참고하시기 바랍니다. 개발을 위해 매수할 토지를 분석할 때 꼭 체크해야 할 5가지 중 4가지를 말씀드렸고, 다시 정리하면 지목, 면적, 용도지역, 도로입니다. 여기에 마지막으로 배수로를 체크하셔야 합니다.

배수로는 개발행위 허가를 받을 때 필수 사항인 도로와 함께 꼭 있어야 하는 조건입니다. 배수로가 필요한 이유는 개발행위 허가를 받는다는 것은 장래에 건축을 하겠다는 의미입니다. 「건축법」상 허가의 조건이 도로,

상수로, 하수로인데, 개발행위허가 조건은 하수로의 역할을 할 수 있는 배수로가 있으면 됩니다. 배수로의 종류는 여러 가지가 있지만, 많이 볼 수 있는 두 가지만 설명드리겠습니다.

[사진 16]
배수로

첫째는 자연 배수로인 지목 '구거'입니다. 매수할 토지 인근에 구거가 있다면 개발행위 허가를 받을 때 배수로의 조건을 만족했다고 할 수 있습니다. 토지이용계획원의 도면을 보면 '구'라고 써있는 것이 구거인데, 잘 사용하는 표현으로 도랑입니다. 이 도랑인 구거도 현장에 나가서 봤을 때 매수하려는 토지와 비교해 높이의 높낮이에 따라 용수로와 퇴수로로 구분할 수 있는데 높이 있는 것이 물을 댈 수 있는 용수로이고, 낮게 있는 것이 물을 뺄 수 있는 퇴수로입니다. 자연 배수로 중에서는 이 퇴수로가 개발행위허가를 받을 수 있는 조건에 만족합니다. 용수로를 잘못 판단해 배수로가 된다고 착각할 수 있고, 반대로 퇴수로를 용수로로 판단해 배수로가 없다고 생각할 수도 있기에 지자체나 토목사무실에 꼭 문의하시는 것을 추천드립니다. 많은 현장 임장을 통해 눈으로 익히다 보면 어느덧 내 판단으로 자연 배수로를 찾으실 수 있으실 겁니다.

두 번째로 많이 볼 수 있는 배수로의 종류는 인공 배수로입니다. 인공 배수로는 맨홀과 사각 집수정이 있습니다. 맨홀은 우수맨홀과 오수맨홀이 있는데 구분하는 방법은 우수맨홀에는 빗물이 빠질 수 있도록 구멍이 있고, 오수맨홀은 구멍이 없는 것이 특징입니다. 맨홀 뚜껑에 KT, 한전, 도시가스 등이 써있는 것은 모두 인공 배수로가 아니니 맨홀이 있는 것만 보고 섣부른 판단을 하시면 안 됩니다. 사각 집수정은 그레이팅이라는, 빗물이 빠질 수 있도록 벌집 모양의 뚜껑을 덮어놓은 것을 말하며, 도로 가장자리에 이런 그레이팅을 많이 보셨을 겁니다. 인공 배수로의 특징은 내가 매입하려는 토지 근처에 있는 도로에 있다는 점입니다. 시골 농로에도 맨홀들이 있는 경우를 간혹 볼 수 있는데 누군가 사비를 들여 배수로 공사를 했다는 것이고, 여기에 연결하려면 설치한 사람의 동의서를 받아야 합니다. 돈이 들겠죠? 반면 국가나 지자체에 관리하는 도로 위에 있는 배수로는 국가에 공사 허가를 받으면 내 땅에 배수관 공사를 한 후 이 맨홀이나 사각 집수정에 연결할 수 있습니다. 이렇게 연결이 될 수 있어야 허가의 조건을 만족한다고 판단할 수 있습니다.

현장에 나가보면 '구배'라고 해서 인공 배수로의 위치가 내 땅보다 더 높게 형성되어 있는 경우도 있는데, 허가가 나지 않을 가능성이 크기 때문에 이 또한 인공 배수로를 볼 때 체크해야 할 부분입니다. 구배를 볼 때 간혹 도로보다 푹 꺼져있어서 구배가 맞지 않는다고 하시는 분도 계실 수 있는데, 성토해서 도로와 높이를 맞췄다는 가정을 하면 되고 경사진 도로를 기준으로 맨홀이 내 땅보다 위에 있다면 문제가 될 소지가 있다는 것이니 이 또한 잘 모를 때는 지자체와 토목사무실에 문의하셔서 안목을 키우시기 바랍니다. 토지는 모든 현장이 어떤 상황이 펼쳐질지 모르는 매우 다양한 경우를 갖고 있어 책에서 언급한 내용을 기준으로 현장마다 꼭 확인하셨으면 좋겠습니다. 손품으로는 보이지 않는 경우도 있으니 배수로만큼은 임장에서 1번으로 확인하실 조건입니다.

여기까지 이해하셨다면 배수로가 필요하지 않은 개발행위 허가 건이 있는데 바로 창고용지로 개발하는 경우는 배수로 조건이 필요하지 않습니다. 건물의 용도가 물건 적치에 국한되어 있기 때문에 화장실 설치 등이 불가능한 점 등이 있어 개발할 때 창고용지로는 보통 하지 않습니다만 배수로 조건을 갖추지 못한 토지를 소유하신 분들이 개발 가능한 방법이기도 하니 참고하셔서 공부해 보셔도 좋을 것 같습니다.

지금까지 개발할 토지를 매수하기 전에 분석해야 할 필수 내용 5가지에 대해 설명드렸습니다. 지목, 면적, 용도지역, 도로, 배수로는 꼭 기억해 두시고 본인만의 기준을 명확히 정하셔서 돈이 될 토지를 잘 골라 개발을 진행해 보시기 바랍니다. 이 책에는 개발 사례는 다루지 않지만, 시중에 나와있는 책 중 개발 사례만 모아놓은 책들도 있으니 참고하시면 좋을 것 같습니다. 여기까지 토지 공부를 시작한 지 2년이 채 되지 않은 초보가 공부했던 내용을 말씀드렸습니다.

실전 분석 사례

실제로 제가 어떻게 토지를 분석하는지 사례를 하나 들어보겠습니다. 2022년 12월 25일 크리스마스에 임장 다녀온 토지로 제 블로그에 적혀 있는 내용이기도 합니다.

크리스마스라고 기본에 예외를 두지 않는 코난입니다. ^^ 지난주보다는 조금 따듯한 영하 11도에 임장을 다녀왔습니다.

[사진 17]

오늘 임장지는 서세(서울-세종)고속도로가 만들어지고 있는 안성시에 다녀왔습니다.

[사진 18]

출처: 카카오 맵 map.kakao.com

현재는 2차선 도로변이지만, 4차선으로 확장 계획이 있는 국도 57호
선에 접한 농지를 보고 왔습니다.

[사진 19]

일단 결론은 개발 관점에서는 B급이었습니다. 개발 비용이 생각보다 많
이 들어가서인데요. 접도구역이 있어 변속 차로 공사를 해야 하고, 농지보

전부담금도 평당 약 10만 원이 들어가는 농지입니다. 공사는 성토 1m 정도가 필요했고, 개발 방향에 따라 보강토 공사가 추가로 필요할 수 있습니다.

한 가지 문제는 길 건너편에 있는 배수로와 구배가 맞지 않아 토목사무실과 현장 확인이 필요해 보였습니다. 배수로만 해결된다면 2필지로 분할 개발하고 입지적으로 발전 가능성이 매우 커 2~3년 정도 보유 후 매도하는 전략으로 제2종 근생(전부 다 됨)으로 허가받으면 수익은 얻을 수 있는 토지로 판단되었습니다. 가장 큰 문제는 매수 가격이 17억이라 현재 제 자금 규모로는 혼자서는 감당이 되지 않는다는 점이었습니다. 이런 토지도 혼자 해버릴 수 있는 자금을 빨리 갖춰 나가야겠다는 생각을 하며 임장을 마쳤습니다.

[사진 20]

[사진 21]

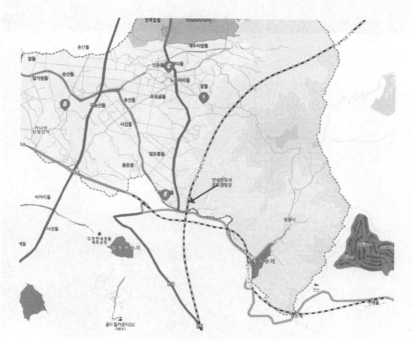

[사진 22]

출처: 다울지도(https://www.dawulmap.com)

지도에서 화살표로 표시한 부분이 사진에 화살표 표시한 부근입니다. 고속도로가 고가로 높~이 나네요. IC 위치가 파악되지 않아 몇 번 더 방문할 예정입니다.

[사진 23]

[사진 24]

서세고속도로 말고도 입장-진천국도로 연결되는 구간이 인접해 있어 서운면 매우 매력적이네요. ^^

사진과 함께 영상도 찍어서 두고두고 곱씹는 저만의 임장 보고서입니다. 지번이 노출되면 매도하시는 분께 결례가 될 수 있어 토지이용계획원의 본문만 첨부해 봅니다. 실제로 임장을 가기 전에 아래와 같은 내용을 분석하고 수익이 날 법한 괜찮은 토지라고 생각되면 임장을 갑니다.

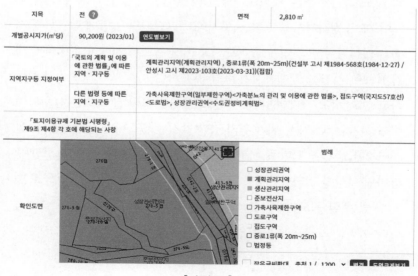

지목	전 ❓		면적	2,810 ㎡
개별공시지가(㎡당)	90,200원 (2023/01) 연도별보기			
지역지구등 지정여부	「국토의 계획 및 이용에 관한 법률」에 따른 지역 · 지구등	계획관리지역(계획관리지역) , 중로1류(폭 20m~25m)(건설부 고시 제1984-568호(1984-12-27) / 안성시 고시 제2023-103호(2023-03-31))(접합)		
	다른 법령 등에 따른 지역 · 지구등	가축사육제한구역(일부제한구역)<가축분뇨의 관리 및 이용에 관한 법률>, 접도구역(국지도57호선)<도로법>, 성장관리권역<수도권정비계획법>		
「토지이용규제 기본법 시행령」 제9조 제4항 각 호에 해당되는 사항				

[사진 25]
출처: 토지e음

지목은 전, 면적은 2,810㎡고, 용도지역은 계획관리지역입니다. 먼저 체크해야 할 세 가지 내용을 토대로 개발이 가능하며, 개발할 경우 면적 기준 때문에 도시계획심의를 받아야 해서 6개월 정도 허가 기간이 소요될 것으로 판단됩니다. 서류상 현재는 2차선 도로변이지만, 중로1류로 곧 4차선 확장 계획이 있는 국도 57호선입니다. 접도구역이 있어서 변속 차로 설치가 필요해 공사비 산정 시 꼭 추가해야 할 내용입니다. 지적도상 물건 바로 옆에 구거가 있으나 현장 확인 결과 흐르는 물줄기가 없어 허가를 위해서 인공 배수로가 필요한 상황인데, 위에 언급한 것처럼 구배 문제가 있어 보여 정확한 것은 매수 전에 토목사무실과 꼭 확인을 해봐야 할 내용입니다.

　2년 동안 꾸준히 토지이용계획원을 봐왔고, 주말마다 임장을 다녀서인지 분석하는 데 걸리는 시간은 딱 5분이면 됩니다. 여러분도 저처럼 토지개발을 목표로 하고 계신다면 보이는 땅마다 토지이용계획원과 지도, 등기부등본 등 토지의 정보를 파악할 수 있는 모든 수단을 보셔야 하고, 정리하시고 괜찮은 토지라고 판단되면 현장에 나가서 문제점은 없는지 주변 환경을 둘러보시고 어떤 용도로 개발하면 좋을지 생각해 보는 시간을 할애하시기 바랍니다. 하다 보니 보이고, 보이다 보니 사고 싶고, 사고 나니 개발할 수 있고, 잘 개발하니 잘 팔리는 선순환이 이어집니다. 처음에는 뭐가 뭔지 정말 알지 못했습니다. 많은 노력을 한 것이지만, 중간에 그만뒀다면 토지는 평생 밟고 다니는 것 정도로만 생각하면 살았을 것입니다. 3년 차인 저도 계속 노력할 것이고, 앞으로 개발해 봐야 할 용도와 토지들이 너무나 많습니다. 생각만 해도 즐겁습니다. 여러분도 제가 느끼는 인생의 즐거움을 맛보셨으면 좋겠습니다.

실전투자:
토지투자 초보의 포트폴리오

내가 사용할 수 있는 자금을 먼저 계산하자

2017년에 제 명의로 된 분양 받은 아파트를 3년여 간 보유한 끝에 부동산 대상승장을 만났습니다. 저는 외벌이에 한 달에 160여만 원의 이자를 포함한 대출금을 갚느라 정말 힘들었습니다. 대출금을 제외한 나머지 월급으로 네 식구가 먹고살아야 했기 때문에 야근과 특근을 하지 않으면 감당할 수 없는 상태였습니다. 그나마 야근비와 특근비가 나오는 회사에 다녀서 다행이라고 생각했습니다. 그마저도 아니면 퇴근 후 다른 일을 해야 할 처지였으니까요. 어쨌든 3년여 간 보유한 아파트를 매도하고 전세로 옮기면서 투자할 수 있는 여력이 생겼습니다. 하지만 전세로 옮긴 것은 아파트 대출이 너무 싫어서였기 때문에 대출을 다시 실행해야 하는 아파트는 정말 싫었습니다. 그때까지만 해도 토지투자는 꿈도 꾸지 못했었습니다.

그러다 잘 모르는 주식에 손을 대고 아파트도 조금 벌게 된 돈을 모두 잃을 처지에서 구사일생하고, 투자를 하려면 공부가 필요하다는 것을 배왔습니다. 그러던 중 우연한 기회에 경매를 접하게 되었는데 이때 부동산 투자에 입문하게 되었습니다. 불과 2년 6개월 전의 이야기입니다. 공부하다 보니 아파트, 빌라, 다가구, 상가, 공장, 토지까지 모두 배우게 되었고, 수십 번 입찰 끝에 모두 패찰하게 됩니다. 패찰의 원인은 모두 제가 사용할 수 있는 자금과 대출 비용 때문에 적게 쓴 탓이었습니다. 경매와는 인연이 없던 것 같습니다.

토지개발에 눈을 돌리게 되고 그것이 토지투자의 첫걸음이 되었습니다. 이때 제 자금은 1억 남짓 있었습니다. 1억으로 무슨 토지 투자를 할 수 있겠느냐고 모두 생각하실 겁니다. 당시 택지 정도는 1억 정도면 대출 80%를 실행해 투자가가 가능했습니다. 그런데 앞서 말씀드렸지만, 여전히 저는 직장인이고 월급으로 먹고살고 있어서 대출을 다시 실행하면 아파트를 가지고 있을 때보다 더 큰 비용이 지출될 것이 뻔했습니다. 몇 군데 택지를 봤고 그나마 저렴한 곳이 있었으나 감당이 안 될 것 같아 모두 포기했습니다. 그때 당시 같이 경매를 하고 택지를 사기 위해 뛰었던 많은 분이 성공하시기도 했지만, 무리한 투자로 손해를 보신 분도 계십니다.

한 번 손해를 보면 두 번 다시 투자하고 싶지 않은 것이 사람 마음입니다. 본인이 갖고 있는 자금과 2년 동안 지출할 수 있는 대출 비용까지 투자금에 꼭 산입해서 내가 감당할 수 있는 범위를 확인하고, 그에 맞는 물건만 매수하시기를 꼭 당부드립니다. 이렇게 해서 언제 부자가 될지 모른다는 조급함으로 무리한 투자를 진행하다 요즘 같은 어려운 시기를 만나면 이러지도 저러지도 못하는 정말 처참한 상황을 맞볼 수 있습니다. 저는 지금 전세자금을 모두 빼서 토지투자를 했는데, 전세에서 월세로 옮기며 3년 치 생활 비용을 통장에 넣어두고 그 나머지를 투자했습니다. 3년이면 투자한 자금이 다시 회수될 수 있다고 보수적으로 생각하고 진행했습니다. 물론 3년이 다 된 시점에 회수되지 않을 수도 있지만, 그사이에 다른 경로로 자금을 모아두고 있어 감당 가능한 수준으로만 진행했습니다.

다시 한번 강조 드립니다. 내가 감당 가능한 투자금의 범위를 먼저 책정하고, 그에 맞는 범위 내에서 투자를 이어나시기 바랍니다.

공동투자로 시작해 보자

자금이 너무 적으신 분들은 투자를 진행하기 어려운 경우도 있습니다. 특히 토지개발의 경우 돈이 될 만한 토지는 최소 5천만 원 정도의 투자금은 있어야 지방에서 도전해 볼 수 있습니다. 이 돈도 없으신 분들은 투자를 못 하시는 것은 아닙니다. 방법은 공동투자입니다. 공동투자를 하기 위해서는 몇 가지 조건을 만족해야 합니다. 우선 공동투자를 진행하려는 분들과 많은 일상을 공유해야 합니다. 코로나로 인해 멀리 계시는 분들과도 줌을 이용해 자주 회의를 할 수 있고, 단체 카톡방 등을 활용해 진행 상황과 물건에 대한 의견을 나눌 수 있습니다.

제일 중요한 것은 내가 어떤 상황들인지 먼저 이야기할 수 있어야 한다는 것입니다. 가령 이번 주 일요일에 현장에서 만나 민원을 처리하기로 했는데 갑자기 일이 생겨 불참할 수 있습니다. 먼저 알려주는 것이 공동투자를 하시는 분들에 대한 예의라고 생각됩니다. 또 온라인 소통이 활발해 오프라인 모임을 꺼려 현장에서 얼굴 한 번 볼 수 없는 분이라면 공동투자는 하지 않는 것이 좋습니다. 공동투자는 신뢰가 생명이기 때문입니다. 신뢰를 쌓아나가는 방법은 각자 다르지만 서로 얼굴을 맞대고 이야기를 나누는 것만큼 상대방을 이해하고 감정을 전달하기 쉬운 방법은 없을 것입니다.

신뢰가 어느 정도 쌓였다면 투자할 물건에 대한 이해도가 어느 정도 비슷한 분들끼리 진행해야 합니다. 간혹 나는 자금은 있으나 지식이 없고 공동투자 하실 다른 분은 자금이 없으나 현장 경험이 많은 고수인 경우가 있습니다. 처음에 시작은 할 수 있지만 경험해 보니 서로 이해할 수 없는 경험적인 부분이 상당히 커서 공동투자 중간에 삐걱댈 수 있습니다. 가장 편안한 공동투자 파트너는 자금 규모와 지식 수준, 경험 수준까지 비슷한 분이라고 생각됩니다. 고수에게는 따로 비용을 지불해 컨설팅을 받는 정도가 좋고, 내가 자금 수준이 비슷하지 못하면 적극적인 현장 활동으로 서로 파이팅할 수 있는 방법을 찾아야 그 공투는 성공적으로 마무리될 수 있습니다.

공동투자와 개인투자의 득과 실

규칙을 만들어 지킬 수 있다면 공동투자는 리스크를 최소화하면서 돈을 불려 나갈 수 있는 좋은 방법입니다. 여기서 생각해 봐야 할 몇 가지 문제가 있습니다. 가령 3억짜리 물건이 있을 때 최소 투자금이 1천만 원이라고 하면 최소 30명의 투자자가 있어야 합니다. 모두 1천만 원씩 투자한다면 매수 금액만 모일 것이고, 여기에 추가 비용인 취득세와 개발 비용, 대출이자 비용 등이 더 필요하기 때문에 모두 같은 금액을 모으기에는 부담이 되는 부분입니다. 내가 가지고 있는 비용이 1천만 원이라면 다른 공동투자자들의 동의를 얻어야 하고, 모두 동일한 투자 비용을 내기를 원한다면 나는 그 투자에 참여할 수 없습니다. 공동투자로도 참여할 수 있는 물건과 없는 물건은 결국 공동투자를 하기 위해 모인 분들의 뜻이 중요할 것입니다. 그리고 30명의 투자자를 모으는 것 또한 구심점이 되는 투자자나 고수가 있지 않은 한 불가능합니다.

30명이 되는 사람이 모였을 때 투자를 진행하면서 많은 생각이 부딪히기 때문에 일의 진행이 더디거나 엉뚱하게 흘러갈 수 있습니다. 그래서 공동투자 물건의 대표가 필요합니다. 대표는 투자자들의 의견을 잘 취합해서 올바른 투자가 될 수 있도록 이끌 수 있는 능력도 필요합니다. 그래서 비슷한 경험의 투자자들이 모여야 한다는 것을 강조해 드렸습니다. 10이라는 경험치를 최대로 생각했을 때 1의 경험치를 갖고 계신 분이 대표를 한다면 처음에는 우왕좌왕할 것이고, 차츰 시간이 지나면서 안정을 찾을 것입니다. 초반에 잘못 진행된 부분들이 의도치 않는 비용이 들어갈 수 있기 때문에 큰 리스크입니다. 생각지 않은 투자금이 추가로 발생한다는 것은 30명의 인원에게 추가 투자금을 걷어야 하는 상황이 생길 수 있기 때문입니다. 그래서 대표님을 도와 모두 합심해 진행해야 하는 것이 공동투자의 핵심일 것입니다.

내가 투자한 돈은 누구도 지켜주지 않고, 누구도 불려주지 않습니다. 내가 투자한 돈에 대해 내 시간과 노력을 투자해야만 그 돈이 잘 불어난다는 것을 꼭 기억하시기 바랍니다. 이렇게 내 시간과 노력을 투여하더라도 개인투자로 혼자 진행했을 때보다 투자한 비용이 적기 때문에 같은 시간에 돌아오는 수익금이 적을 수 있습니다.

투자 수익률과 수익금은 물건마다 다르겠지만, 30명의 투자자가 원하는 시간 대비 투자 수익률과 수익금에 대한 생각을 미리 맞춰놓고 진행하는 것이 좋습니다. 매도 시기가 되어 조사해 보면 각자의 생각이 변화해 처음에 정해놓았던 시기가 늦어지거나 빨라질 수도 있고, 내가 원한 수익률과 수익금을 얻지 못하는 경우도 있습니다. 개인물건이라면 내가 원하는 만큼의 수익을 얻을 때까지 버티면 되지만 혼자서 버티지 못하는 경우는 개인투자의 실이라고 할 수 있겠습니다.

공동투자를 할 때 신뢰가 바탕이지만 돈이 오가는 문제이기 때문에 공동투자를 위한 안전장치를 상의해서 정해야 합니다. 근저당을 설정한다든지 공동투자계약서를 쓴다든지 차용증을 쓴다든지 하는 등의 방법으로 서로 더욱 신뢰할 수 있는 투자가 되도록 투자가 실행되기 전에 충분히 논의해서 진행해야 합니다. 보통 매수할 물건이 나타나야 돈을 모으고 그 후에 계약서와 공동투자방식을 논의하는데, 최소한 공동투자방식에 대해서는 충분한 만남을 통해 서로 의견을 나누고 비슷한 기대수익률과 비슷한 물건 운용 방식을 갖추신 분들을 찾아야 좀 더 편안한 공동투자가 될 것입니다.

저는 무턱대고 고수의 투자에 참여해 만난 공동투자자분들과 만나며 많은 것을 배우고 공통의 관심사가 토지라서 즐겁게 투자를 이어 나가고 있습니다. 나와 비슷한 성향과 투자 방식과 지식을 갖추신 분을 만난다면 천운이 아닐까 생각됩니다. 나와 잘 맞는 공동투자 파트너 찾기에도 많은 노력이 필요하다는 것을 알고 계셔야 합니다.

06
마치며

    사실 이 책을 처음 쓰려고 마음먹고 목차를 만들었을 때 농지 개발 프로세스와 실전 사례까지 넣으려고 했습니다. 그러나 저는 초보이고 아직은 혼자 처음부터 끝까지 개발해 본 경험이 없어서 이 내용을 다음 책으로 미루게 되었습니다. 대신 제가 처음 토지개발에 입문해서 현재까지 어떻게 공부했는지를 중점적으로 다루었고, 모든 내용은 제가 알고 있는 내용만을 적었습니다. 그렇기 때문에 이미 개발을 하고 계시거나 투자를 진행하고 계시는 분들께는 많이 부족한 내용일 수 있습니다만 이 책의 서두에 말씀드린 것처럼 여기까지 읽으셨다면 적어도 잘 팔릴 토지를 매수하는 기준이 명확해졌을 것이라 확신합니다.

    토지개발에 관심이 있으시고 입문하신 분들께는 저 같은 사람도 했는데 여러분들은 충분히 저보다 더 잘하실 수 있다는 희망을 얻고 한 달 안에 꼭 기준에 맞는 돈 될 만한 토지를 찾으셔서 매수하시면 좋겠습니다. 그래서 땅맹 탈출하시고 땅 부자로 거듭나시기를 진심으로 기원합니다.

땅맹 탈출

펴 낸 날   2023년 9월 8일

지 은 이   김예솔, 백두산, 김희영, 정우석
펴 낸 이   이기성
편집팀장   이윤숙
기획편집   윤가영, 이지희, 서해주
표지디자인   윤가영
책임마케팅   강보현, 김성욱
펴 낸 곳   도서출판 생각나눔
출판등록   제 2018-000288호
주   소   경기도 고양시 덕양구 청초로 66, 덕은리버워크 B동 1708, 1709호
전   화   02-325-5100
팩   스   02-325-5101
홈페이지   www. 생각나눔.kr
이 메 일   bookmain@think-book.com

• 책값은 표지 뒷면에 표기되어 있습니다.
  ISBN   979-11-7048-599-5 (13320)